LA CATHÉDRALE COSMIQUE

Messages de l'au-delà du temps

Raymond BERNARD

LA CATHÉDRALE COSMIQUE

Messages de l'au-delà du temps

ÉDITIONS DERVY
91, boulevard Saint-Germain
75006 PARIS

ISBN : 2-85076-626-7

A Yvonne
ma fidèle compagne

INTRODUCTION

Avant la lecture de ces messages, une importante précision est nécessaire. La base de ma visualisation pour établir la résonance intérieure nécessaire prend la forme d'une cathédrale. Vous pouvez vous-même adopter cette forme de visualisation ou bien en choisir une autre ; seule la visualisation est importante... Il faudra cependant vous souvenir que les circonstances relatées dans cet ouvrage sont essentiellement symboliques. Elles sont la condition et la conséquence de la visualisation adoptée, mais les messages n'en gardent pas moins toute leur valeur. Ils sont le résultat de contact spirituels, de rencontres avec le domaine du Soi et ils représentent une expression de la lumière que j'ai pu recueillir lors de ceux-ci.

Les "maîtres" auxquels je me réfère désignent *l'état intérieur* atteint au moment d'un contact particulier. Si le contact réalisé concerne une question pratique, cet état intérieur sera appelé le "maître de l'expérimentation". Si le contact a, pour objet, une question liée à la loi universelle d'amour, le "maître bienveillant" désignera l'état intérieur atteint pour recueillir la lumière dispensée par la cathédrale cosmique, et ainsi de suite.

La lecture attentive du tout premier chapitre intitulé : *Observation, visualisation et communion cosmique*, vous permettra de comprendre la forme prise par cet ouvrage pour réaliser facilement l'harmonisation avec le Soi et profiter des rayons de lumière que celui-ci permet. Vos contacts seront variés en degrés, selon le motif qui y préside, et ce motif, c'est vous-mêmes qui, toujours, le déterminerez. Ainsi, votre état intérieur sera plus ou moins intense, plus ou moins "élevé" et il sera fonction du motif que vous aurez choisi ou de la question que vous aurez posée.

L'intuition que vous recueillerez, la lumière que vous aurez acquise, l'aide que vous aurez obtenue, vous pourrez, pour vous-mêmes, la personnaliser en lui attribuant, pour origine, un maître, en lui donnant forme, pour ainsi dire, et cela entre dans le cadre de la toute-puissante visualisation. En fait, les immenses satisfactions dont vous bénéficierez dans vos contacts, la compréhension qu'ils vous procureront, auront, pour seule et unique origine, l'omniscience divine dans toute son impersonnalité.

Un tel ouvrage ne vise pas à transmettre un enseignement et, à plus forte raison, ne veut-il établir quelque dogme que ce soit ! Proposer sans imposer jamais est une règle à laquelle je reste et resterai à jamais attaché. Assurément, la lumière perçue prend forme dans mon mental et se revêt de mots et d'explications à la mesure du développement, tant intérieur qu'intellectuel, que j'ai pu personnellement acquérir du point de vue purement académique aussi bien qu'au cours d'un long cheminement spirituel.

Mais il se trouve qu'à travers ces mots et ces explications, aussi limitatifs qu'ils soient pour exprimer un *état* sublime de compréhension et de communion, la lumière est reconnue du plus grand nombre de mes lecteurs et, par eux, acceptée, puis assimilée comme une partie intégrante d'eux-mêmes. Il n'y a pas d'autres raison à cela que leur haut degré d'une réceptivité due au fait qu'ils savent, au moment de leur lecture, user de leur intellect non pour analyser, mais pour participer et retrouver, de cette façon, par l'intermédiaire d'un message, *l'état* qui est à l'origine de celui-ci. C'est là, en réalité, le *seul* moyen de bénéficier d'une connaissance particulière avec la certitude immédiate qu'elle est vraiment *un* aspect de la vérité éternelle rendue perceptible. Par dessus tout, c'est là une possibilité de communier, au plus profond de soi-même, avec cette vérité originelle qui jamais ne change, même si, pour pouvoir l'appréhender ou tout au moins parvenir à une certaine résonance avec elle, la technique doit périodiquement évoluer et s'adapter au milieu et aux circonstances nouvelles de ce qui est appelé "civilisation".

L'humanité est saturée d'intellectualisme. Elle n'en meurt pas, certes, mais elle se trouve de ce fait confrontée avec des problèmes croissants. Se maintenant au seul niveau du phénomène ou de ce qu'elle dit être "rationnel", elle oublie qu'une découverte, loin de résoudre des problèmes, en engendre d'autres et que toute solution porte en soi les germes d'un nouveau théorème. Il ne saurait en être autrement dans le domaine de la manifestation et les efforts déployés par tant et tant de chercheurs, dans les innombrables directions suivies par la science, sont dignes d'admiration et méritent notre respect.

Mais il faut à l'homme autre chose, car dans ce milieu où il vit et qui se transforme, il ressent les mêmes angoisses et il demeure insatisfait. Il aspire à la solution de problèmes plus vastes, plus difficiles, plus intimes. Il sait la brièveté de son existence et de grands "comment ?" et "pourquoi ?" se posent à lui *personnellement*, aujourd'hui comme hier, et il en sera de même demain. Malgré tout ce qui lui est offert *au dehors*, il est insatisfait et, ne rencontrant pas la paix, il s'abandonne à une vie fébrile et confond agitation avec activité. S'il lit, c'est souvent pour rechercher quelque évasion et échapper autant à lui-même qu'au monde qui l'entoure. Il oublie — ou ne sait pas — que l'intellect appartient à ce même monde, qu'il y a son origine et sa fin et que, par conséquent, une lecture l'amènera à une autre, et à d'autres encore, sans le satisfaire jamais qu'un moment.

Naturellement, tout est recherche et tout a une raison d'être. Les excès engendrent un irrésistible besoin de simplicité et cela dans tous les domaines. C'est le stade du retour à soi-même et le début d'une queste où l'on apprend à voir au-delà, à regarder plus haut et plus loin, et où l'on comprend alors qu'il n'y avait pas d'autre façon de s'intégrer au présent et d'y participer efficacement. Alors cesse l'agitation stérile. Les découvertes désordonnées sont écartées et commence *la* découverte, une découverte qui s'opère paisiblement, sans hâte et dans la paix, car telle est la condition de son succès. L'intellect cesse d'être le maître. De tyran, il devient outil et des perspectives infinies s'ouvrent devant l'âme avide de silence.

Dans ces messages, ceux qui ont franchi l'étape d'une recherche purement intellectuelle et dépassé les remous du seul raisonnement, comprendront qu'un champ unique d'expériences personnelles est constamment à leur portée. Cet ouvrage n'a pas pour seul but d'offrir une réponse à quelques questions d'intérêt général. Il a aussi — et surtout — pour dessein d'amener ceux qui le liront à mettre en pratique une technique qui, appliquée avec persévérance, apparaît comme l'un des moyens les plus sûrs — et en tout cas, comme le plus éprouvé — de résoudre les problèmes les plus délicats, à quelque domaine qu'ils appartiennent, et de parvenir, dans une communion exaltante avec la vérité en soi, à plus de certitude, de sérénité et de paix.

DIEU ET LE COSMIQUE

Dans la plupart des ouvrages mystiques ou initiatiques de notre temps, tout autant que dans les enseignements dispensés par certaines organisations à leurs membres, et dans les conférences publiques ou privées présentées par leurs dirigeants ou responsables, le mot *cosmique* revient d'une manière extrêmement fréquente et bien qu'il soit fait aussi souvent mention de *Dieu*, peut-être même pour cette raison, une confusion s'établit quelquefois entre ces deux termes. Certains leur confèrent une signification identique, alors qu'ils ont une portée différente et *complémentaire*. Or, la compréhension appropriée d'ouvrages mystiques lus actuellement, dans la plupart des pays, par un nombre considérable et sans cesse croissant de chercheurs et, en particulier, une compréhension satisfaisante du présent ouvrage, nécessitent que soit bien expliqué ce que les auteurs entendent exprimer en se référant, d'une part à *Dieu*, et d'autre part au *cosmique*, ce dernier étant employé, non comme adjectif, mais comme substantif, avec une valeur parfaitement définie. C'est à ces explications que sera consacré ce premier chapitre.

A une époque relativement récente et, dans une moindre mesure encore actuellement, Dieu a été remis en question et l'usage du mot même, rejeté par beaucoup. Pour la plupart, il revêtait tout au plus un sens vague, pour ne pas dire commun. C'était ainsi qu'un sondage faisait, dès 1972, apparaître que 80% des Français étaient déistes, mais que, parmi eux, un pourcentage infime cherchait à donner un contenu à son déisme. Le même sondage révélait que, parmi ceux pratiquant une religion et assistant aux cultes, une fraction non négligeable ne croyait pas en la survie ! Un tel sondage, certes, mériterait une analyse attentive et il faudrait notamment examiner si les questions, autrement formulées, n'auraient pas eu des réponses radicalement différentes. Il aurait été intéressant de déterminer ce que les personnes interrogées entendaient par le terme “croire” ou par celui de “survie”. Et les enquêteurs n'ont pas demandé à leurs interlocuteurs dans quelle mesure ces derniers admettaient la réincarnation, celle-ci étant naturellement limitée à l'espèce humaine et distinguée de la métempsycose.

On aura pu dire et écrire successivement, au cours de ces années de doute, d'abord que Dieu était mort, puisqu'Il était ressuscité. Il est clair que de telles affirmations ainsi émises pour provoquer l'intérêt et un choc peut-être salutaire, concernaient essentiellement, dans la pensée de leurs auteurs, du moins on veut le croire, la *compréhension* de Dieu et non Dieu Lui-même, à moins que, ce qui est beaucoup plus probable, il se soit agi uniquement de souligner, parmi les hommes, une incroyance grandissante dans les concepts spirituels tels qu'ils avaient été jusqu'alors expliqués.

A cet égard — mais à cet égard seulement — Dieu était véritablement mort. Quant à prétendre ensuite qu'Il était ressuscité, cela constituait une erreur, puisque la compréhension nouvellement installée se rattachait à un Dieu complètement distinct du précédent et sans aucune comparaison possible avec Lui. En outre, cette compréhension qui se forgeait dans le public, *exotériquement*, pour ainsi dire, et qui se manifestait en des définitions assimilables par le plus grand nombre, avait, *depuis toujours*, existé dans le secret des sanctuaires, au bénéfice de ceux qui étaient prêts à la recevoir.

Disons que la lumière de la vérité avait pu s'infiltrer davantage dans le monde, après que les voiles de l'ignorance imposée par un dogmatisme étroit se soient déchirés, sous la pression d'une humanité ayant pris davantage conscience d'elle-même et avide de réponses plus adaptées à ses besoins spirituels. Il n'y a, en réalité, aucune raison pour récuser un terme ou appellation quelconque parce que ce terme ou appellation a eu, en d'autres temps et en des circonstances différentes, un sens désormais inadmissible et d'abominables conséquences ou situations pour l'humanité.

La responsabilité des excès, des exactions, des superstitions, ne repose pas sur un mot, mais sur ce qui en a été fait et, pour désigner ce qu'il représente *vraiment*, le mot Dieu restera à jamais le plus approprié. Le point de vue opposé serait inintelligent et caractériserait un fanatisme dogmatique aussi étroit et dangereux que celui qui, naguère, défendait une conception désormais éteinte. On peut admettre ou non *l'explication* apportée sur Dieu, sans que le nom universellement reconnu en soit de quelque façon affecté, et même un refus de croire ne changerait rien à l'objet de ce refus ou à l'appellation qui lui est donnée.

Le Dieu que l'on a dit "mort" est celui auquel, pendant tant de siècles, ont cru les foules. Ce Dieu apparaissait coléreux, vengeur, jaloux, et même, tel qu'il était représenté depuis le début de l'ère chrétienne, sa "volonté" était crainte. Il était un Père à qui on se soumettait dans la peur et avec résignation pour ne pas encourir son courroux. Ce Père dont la volonté n'était considérée que comme une inflexible rigueur et une effrayante justice pouvait, lui, Tout-Puissant, soumettre la faible créature humaine à la tentation, sanctionner ce qui était défini par ses représentants comme étant péché et condamner à l'éternelle damnation celui qui, après une vie droite et juste, aurait, avant de mourir, commis quelque grave erreur. En revanche, le criminel repenti juste avant son dernier souffle, était sauvé et rejoindrait le ciel, une fois supportées quelques peines en purgatoire. Enfin, l'enfant innocent "rappelé par Dieu" sans être baptisé se voyait exilé dans les limbes, en attendant que les morts ressuscitent. Ce même Dieu, selon ses porte-parole, exigeait la résignation du pauvre à qui, certes, le bonheur de l'au-delà était promis, mais il semblait d'une singulière bienveillance envers le nanti. Quant à ceux qui déclaraient, de droit divin, détenir leur pouvoir, ils en usaient rarement à l'image du Père et, le plus souvent, à la manière de tyrans vindicatifs, au point qu'au nom de Dieu, les pires crimes pouvaient être commis et... absous. A côté de cela, Dieu était défini comme étant un pur esprit, infini, omnipotent, omniprésent et omniscient. L'erreur commise était de vouloir définir... l'indéfinissable et de lui conférer des attributs humainement conçus.

Le Dieu "nouveau" a au moins l'avantage de posséder des qualités grâce auxquelles l'homme moderne peut lui accorder sa confiance. Grâce à ces qualités, il est un refuge, il est le Père aimant que l'on craint de peiner et qui, sans cesse, pardonne. Sa présence constante est un soutien et une sauvegarde. Auprès de Lui, chacun peut trouver paix et réconfort. On ne comprend toujours pas très bien pourquoi Il a créé un monde où règnent problèmes et souffrances, mais le croyant, sans crainte, peut se confier à Lui. Cette nouvelle conception est assurément plus acceptable que l'ancienne. Elle inclut une part de vérité et, telle qu'elle est, elle satisfait le fidèle pressé. Cependant, si celui-ci, comme c'est souvent le cas est, à quelque moment, amené à s'interroger davantage, le temps n'est plus, heureusement, où retentira en lui la réponse si déroutante du passé et pendant des siècles répétée : « *C'est un mystère !* » Il cherchera des éclaircissements plus valables et s'il frappe à un portail sérieux, il les obtiendra.

Dans sa recherche, l'homme a commis une erreur fondamentale. Il a tenté de comprendre Dieu d'après Sa création. Ce faisant, il n'a rien fait d'autre que diviniser celle-ci. Essentiellement, cela n'est pas entièrement faux, mais la formulation des "découvertes" obtenues par ce mode de penser n'est pas correcte, car, à nouveau, il y a confusion entre Dieu et Sa manifestation.

Le gnosticisme, quant à lui, construit, par sa théorie des émanations surtout, un système attrayant, parfois apaisant qui, pourtant, ne saurait être satisfaisant, du fait qu'il en vient à reconnaître l'existence *immanente et réelle* du mal, établissant un dualisme strict et la lutte qui, nécessairement, en découle, ou simplement un dualisme mitigé, dans lequel le mal apparaît relatif. Or, le mal n'a aucune réalité en soi comme nous le déduirons de certaines expériences au niveau de la cathédrale cosmique qui seront rapportées dans ce livre. Le moyen permettant d'atteindre à la vérité ou de s'en rapprocher le plus est de distinguer, dans notre examen, Dieu de Sa création, celle-ci étant entendue comme tout ce qui n'est pas Lui et devant être reconnue sous le nom de *cosmique*. Cette démarche accomplie, un rapprochement pourra, alors, être valablement tenté et des conclusions tirées.

Notre première constatation est que Dieu ne peut être défini intellectuellement et que notre approche, en ce qui Le concerne, n'est possible que d'un point de vue entièrement *négatif*. Il serait possible de déterminer ce qu'Il n'est pas, mais il est impossible de déterminer ce qu'Il est, et la Kabbale l'a fort bien compris en Le situant précisément au-delà de ce qu'elle appelle les trois voiles de l'existence négative, c'est-à-dire en dehors des limites de la compréhension humaine. Dieu est, par excellence, l'Inconnaissable. Nous ne pouvons l'atteindre par aucune des facultés dont nous disposons. Pourtant, nous sommes *sûrs* qu'Il existe. Il suffit de regarder autour de soi et de s'examiner soi-même pour en être convaincu. L'univers est trop parfait et d'un ordre trop irréprochable pour qu'il n'ait pas eu son origine dans une *intelligence consciente*. Toute invention humaine a, d'abord, été *pensée*. Il ne peut en être autrement de la création universelle.

De quelque point de vue que l'on considère le problème, on débouche inéluctablement sur cette conclusion finale. Se contenter d'admirer la nature et son travail ne résoudrait pas la question fondamentale, et se refuser à l'envisager revient à abdiquer devant le théorème. Supposer que la science, un jour, sera en mesure de tout expliquer rationnellement est, pour le penseur sincère, une hypothèse aussi peu scientifique que l'hypothèse de Dieu pour les tenants du prétendu athéisme.

Même si la science découvrait — et elle le fera — comment créer la vie *végétative*, le problème de Dieu se poserait encore à elle, car la vie n'est pas la conscience. L'athée pour qui Dieu n'existe pas a, pour Dieu, la raison, mais la raison aura toujours ses limites et les progrès mêmes de la science rendent bien peu rationnel le raisonnement du rationaliste... Après tout, puisque Dieu est l'Inconnaissable, pourquoi, logiquement, n'appellerait-il pas Dieu ce qui est encore son inconnu ? Sa position serait, dans ce cas, moins sectaire et il se montrerait lui-même exempt de ce fanatisme dont il s'affirme l'irréductible ennemi.

De toute façon, Dieu, que l'homme ne peut intellectuellement connaître, est intellectuellement plausible, nous venons de le constater. Rien ne s'oppose, dès lors, à ce que certains choisissent de Le considérer comme un Être Suprême ayant une existence en soi : le *monothéisme absolu* se justifie pour eux. C'est une question de croyance personnelle. Dieu inconnaissable peut revêtir toutes les qualités et tous les attributs que veut lui conférer le monothéisme, mais ce Dieu qui, en Lui-même, ne change jamais, évoluera dans la conception du croyant. Quand ce dernier atteindra la quarantaine, son Dieu ne sera plus, *pour lui*, ce qu'Il était dans son adolescence. La vie et ses expériences l'auront conduit, s'il a gardé sa foi, à une conception sinon différente, du moins réfléchie. Ainsi, qu'on le veuille ou non, le monothéisme implique une évolution *personnelle* du concept de Dieu, sans que Dieu, naturellement, en soit de quelque manière affecté, et cela expliquerait peut-être les arguments de certains en faveur d'une religion personnelle, encore que toute religion, dans ses effets et par ses rites, devienne, qu'il s'en rende compte ou non, personnelle à chacun de ses fidèles, par la compréhension individuelle qu'il en retire.

Si Dieu est inconnaissable, il n'en est pas de même de Sa création. Celle-ci comporte une partie perceptible par les sens physiques. L'homme est naturellement sujet à l'illusion, il peut être induit en erreur par ses perceptions, mais il dispose d'une intelligence, d'une faculté d'analyse et d'un raisonnement grâce auxquels il lui est possible de parvenir à des conclusions valables. La partie invisible de la création est elle-même connaissable par ses effets et elle fait, comme la partie visible, l'objet des recherches scientifiques. Toute la création, visible et invisible, est régie par des lois que l'on dit universelles ou naturelles, selon le champ auquel elles s'appliquent et, de cette création, l'homme est partie intégrante.

Ces lois font l'objet des investigations de la science, mais depuis la plus haute antiquité, les penseurs, les philosophes, les mystiques et les initiés n'ont cessé de s'y intéresser. La science et le mysticisme, par deux voies différentes, sont concernés par un domaine commun. Il faut reconnaître que l'exploration mystique conserve constamment une considérable avance et parvient à des conclusions d'une portée plus vaste. Cela est dû à ses possibilités de synthèse et à des déductions plus rapprochées du principe originel suprême. Le mysticisme effectue, pour ainsi dire, ses recherches *d'en haut*, la science les mène à partir *d'en bas*. Le mysticisme trouve souvent confirmation de ses résultats dans les découvertes scientifiques, mais la science néglige les efforts mystiques.

Il n'en est pas moins vrai que leurs chemins se rejoindront au fur et à mesure que se rapprochera le but. C'est toute cette création *visible et invisible* incluant l'homme, comme cela a été précisé, et ce sont, par conséquent aussi les lois universelles et naturelles que l'on désigne sous le nom unique de *cosmique*. Il est à noter cependant que l'ensemble de ces lois, déjà découvertes ou encore à découvrir, ne sont que l'action d'une *loi unique* à des niveaux, dans des circonstances et dans des lieux différents. La *multiplicité* naît donc et se perpétue à chaque instant à partir de l'unité et c'est dans cette unité que réside *l'équilibre de l'univers*.

On pourrait m'objecter que ma conviction à cet égard est toute personnelle. Elle n'en est pas moins logique et facilement acceptable par quiconque suit un cheminement intérieur semblable au mien. Aucune donnée scientifique ne s'y oppose et la science, dans ses efforts, parviendra tôt ou tard à une certitude semblable. Bien des théories ont favorisé de remarquables découvertes et ces théories, ensuite, ont été contestées, l'exemple le plus significatif se rapportant à la loi de la relativité d'Einstein.

L'unité de l'univers est une *réalité* que le mysticisme pressent et que la science établira. Elle est une explication ultime tout en restant, pour qui l'accepte, la base de fructueuses recherches. Le cosmique est donc la loi unique dans ses innombrables aspects. Cette loi est *intelligente* en elle-même et dans ses diverses applications : il n'y a pas de force aveugle. Elle est la *première* manifestation de Dieu, la création *originelle* et elle conserve l'empreinte de la pensée de son créateur. L'impulsion qu'elle a reçue et ne cesse de recevoir de Dieu inclut l'intelligence, en ce sens qu'elle *sait* ce qui est attendu d'elle dans le champ infini où elle opère. On pourrait dire qu'émanant de Dieu, cette loi est à Son image. Tout en étant énergie, elle est elle-même énergie, mais une *énergie en action*, ne cessant jamais de créer et de rechercher de nouvelles formes d'expression dans lesquelles, ensuite, elle agit et dont elle se sert pour créer encore. *L'homme est l'une de ses manifestations.* Il participe en conséquence à l'œuvre d'ensemble et la loi s'étant individualisée en lui, ayant développé une forme de conscience en lui, il contribue, consciemment ou non, à la faire s'épanouir, les autres expressions de la même loi l'y aidant, voire l'y contraignant.

Cette loi ou pour mieux dire, le cosmique est, par conséquent, l'aide immédiate, sans cesse à sa disposition. Pour l'homme, le cosmique représente Dieu, il Le manifeste et par le cosmique, il peut "connaître" Dieu, c'est-à-dire se mettre, avec Lui, en résonance harmonieuse, communier avec Lui et l'appréhender, en faire l'expérience — une expérience qu'aucun mot ne pourra jamais convoyer. En cela est sans doute la raison pour laquelle des mystiques ont pu confondre Dieu et le cosmique, alors que le second n'est de l'autre qu'un reflet, un reflet certes tout-puissant dans la mission qu'il doit accomplir.

En considérant Dieu et le cosmique de ce point de vue, il est évident que si Dieu reste intellectuellement inconnaissable, Il peut cependant être considéré en Lui-même comme l'Énergie, celle-ci pouvant à la rigueur n'être que Son attribut fondamental. Dès lors, l'origine de toute conception cosmogonique se résumerait en ces quelques mots : « Dieu est l'Énergie et le cosmique, cette Énergie en action. » Ces explications sont suffisantes pour comprendre un aspect important de la terminologie de cet ouvrage. A partir de ces directions essentielles, mes lecteurs pourront construire un système satisfaisant pour eux et en venir à d'intéressantes déductions personnelles qui leur apporteront plus de lumière et plus de paix.

Une remarque me paraît utile pour conclure sur ce sujet. L'initié apprend que *tout est en tout*. Or, nous avons, parlant de Dieu, justifié le monothéisme. Notre étude du cosmique révèle que nous pourrions tout autant justifier le *panthéisme*, puisque par la Loi unique, Dieu est manifesté en toutes choses. Le mystique peut, par conséquent, être *logiquement* à la fois monothéiste et panthéiste. Il n'y a, entre ces deux termes, aucune contradiction, mais au contraire une singulière *complémentarité*. Le monde est un laboratoire dans lequel tous les hommes sont vraiment frères sous la paternité de Dieu.

VISUALISATION ET MÉMOIRE

Il est nécessaire de beaucoup insister sur le grand principe de la visualisation. La visualisation est aussi importante que le langage. Elle est, d'ailleurs, un langage — celui, et le *seul*, qui puisse être compris de l'univers que l'on dit invisible, celui, surtout, qui permette de dépasser les étroites limites du temps et de l'espace. La visualisation est davantage encore. Elle est *l'unique* technique pouvant harmoniser notre état vibratoire intérieur avec le degré vibratoire d'une autre personne, d'une autre circonstance ou d'une autre condition d'existence, que ce soit sur le plan perceptible ou sur un plan dépassant toute perception sensorielle.

Le domaine de la visualisation est donc *universel.* Il inclut le monde que nous connaissons, tout autant, et à l'infini, que celui qui le transcende et celui qui lui est inférieur, encore que *supérieur* et *inférieur* soient impropres, comme nous le verrons plus tard, pour désigner ce qui est hors du champ de la création visible. La visualisation est ainsi toute puissante, si elle est correctement conduite et, pour cela, elle doit d'abord être parfaitement comprise dans ses divers aspects, assimilée par une expérimentation attentive et exercée d'une manière persévérante et répétée.

Le mot *visualisation* revêt, pour le mystique, une signification bien définie et différente, peut-être, de celle que lui accordent les dictionnaires courants. Il a été retenu comme étant celui qui pouvait le mieux désigner une pratique suivie dans un but précis, en toute connaissance de cause, par l'adepte et observée souvent par le profane qui applique, de cette façon, une loi qu'il ignore, tout comme Monsieur Jourdain faisait de la prose en ne le sachant pas. Le mot *visualisation*, cependant, est maintenant utilisé d'une manière très large et on le rencontre couramment dans toute la littérature mystique ou simplement spirituelle.

Si le mot *visualisation* est, dans le vocabulaire, celui qui était le plus approprié, il n'en est pas moins restrictif, considéré comme se rapportant purement à une technique basée sur les perceptions visuelles. Il renferme, en effet, beaucoup plus que le seul domaine de la vue. Certes, visualiser, c'est d'abord "voir" en pensée, mais à l'image s'ajoutent en surimpression, pour ainsi dire, d'autres éléments basés sur les perceptions sensorielles dues à l'odorat et à l'ouïe, voire, dans certains cas, au goût et au toucher. La visualisation consiste donc à *réactiver* l'ensemble d'impressions connues par les cinq sens avec, naturellement, au tout premier rang, celles acquises par la vue. Cependant, visualiser n'est, à aucun égard, percevoir. La perception nous met en rapport avec le monde extérieur. Aussi limitée qu'elle soit, elle nous donne, de ce monde, une connaissance plus ou moins sûre et, en tout cas, utile à notre existence physique, étant bien entendu que nos perceptions font toujours l'objet d'une interprétation dont le cerveau, dans son travail d'analyse et de synthèse, a la constante responsabilité.

Mais la visualisation dépasse toute perception, toute analyse et toute synthèse. Elle les utilise et perception, analyse et synthèse sont, en réalité, le point de départ et le fondement de cette technique. Dans la visualisation, ce sont les *souvenirs* de nos perceptions qui sont utilisés. Il est certes possible de prétendre que visualiser n'est pas autre chose qu'imaginer. Il n'y a aucune raison pour refuser ce postulat, si nous le complétons par une explication : pour visualiser, nous faisons appel à nos souvenirs et, incontestablement, à l'imagination, pour ordonnancer ceux-ci en vue du résultat que nous poursuivons. Une représentation mentale *imaginaire* est, ainsi, parfois créée, cette représentation mentale ayant pour but de nous amener à un certain *état de conscience* et à une *connaissance* qui est fonction de l'objet de notre visualisation.

L'importance de la visualisation est une forme de "conditionnement volontaire" de soi-même pour atteindre un but parfaitement défini. Autrement dit, la visualisation peut être constituée d'éléments entièrement imaginaires et le résultat obtenu, absolument valable. C'est ce qui a lieu, en particulier, dans les contacts avec la cathédrale cosmique. Les seuls cas où, pour parvenir à son but, la visualisation doit être faite d'images et de conditions réelles sont ceux où le résultat recherché est un contact avec des personnes, des lieux ou des circonstances ayant existé, s'il s'agit d'une incursion dans le passé ou dans le monde invisible, ou existant encore, s'il s'agit d'être en relation psychique ou intérieure avec eux au moment de l'expérience. La technique de la visualisation offre un champ infini d'expérimentation et cette expérimentation peut, à l'extrême, avoir un but essentiellement pratique ne dépassant pas les questions de l'existence matérielle. Elle peut naturellement viser, au contraire, aux plus hautes réalisations spirituelles. Le domaine de la visualisation n'est pas circonscrit. Il est aussi vaste et varié que veut le concevoir celui qui connaît et applique les principes de cette technique exceptionnelle et cependant si simple dont, une fois de plus, nous allons examiner le processus.

Tout d'abord, il est à noter qu'une visualisation valable est fonction d'une *mémoire satisfaisante.* Quiconque se plaint de ne pouvoir visualiser ou de visualiser mal accuse, ipso facto, sa mémoire d'insuffisance. Or, dans la mémoire sont emmagasinés, nous l'avons rappelé, les souvenirs résultant des perceptions recueillies par nos sens. La visualisation, *comme la mémoire*, dépend donc de notre faculté *d'observation.* Pour visualiser correctement et efficacement, il faut, par conséquent, disposer d'une mémoire sûre, ce qui revient à dire qu'il faut savoir *observer* et, au besoin, *apprendre* à le faire. Si cette exigence n'est pas satisfaite, les résultats de la visualisation ne peuvent être que décourageants.

Nous vivons dans un monde où nos sens sont constamment sollicités au-delà de leurs possibilités de perception, de sorte qu'on pourrait les supposer incapables de transmettre au cerveau une connaissance définie, mais ce n'est pas le cas. La perception implique que l'attention a été, d'abord, éveillée. Il y a eu, au départ, *effort de volonté* pour que la pensée se concentre sur les impressions transmises par les sens. Cet effort est plus ou moins important, plus ou moins conscient, mais il est nécessaire et c'est par lui que la concentration est rendue possible et que, grâce à celle-ci, les perceptions indésirables sont écartées au bénéfice de celles, seulement, sur lesquelles est fixée l'attention. De ces diverses conditions dépend le développement de la *mémoire* et c'est sur elles que sont fondées les innombrables méthodes ayant pour but ce développement.

Comme nous venons de le constater, l'intensité des sollicitations dont nos sens sont l'objet n'est pas responsable de nos défaillances de mémoire. Celles-ci sont dues à notre *manque d'observation.* Malgré tout ce qui l'entoure, l'homme moderne, dont l'existence est apparemment si agitée, vit replié sur lui-même comme jamais il ne l'a fait aux époques passées.

Il est *introverti*, sans cesse plongé dans ses pensées, sans cesse analysant et raisonnant, dans un colloque intérieur constant avec lui-même. La plupart du temps, il regarde sans voir. La plus grande partie de son état de veille est un sommeil prolongé. Ses heures supposées d'activité ne sont que dans une faible mesure consacrées à un contact véritable avec le monde qui l'entoure. Il faut reconnaître que la radio, la télévision, la presse et tant d'autres moyens modernes dont dispose notre société ne facilitent pas la communication avec l'extérieur.

L'homme mène, dans l'agitation, une *vie passive* pour ne pas savoir user raisonnablement des avantages de la civilisation et pour en devenir lentement l'esclave au lieu de les dominer sans cesser d'en profiter. Le mal dont souffre le monde actuel est un *manque de communication* entre les êtres. Sous les flots de paroles, en dépit de ses voyages, de ses contacts sociaux et de ses relations extérieures, l'homme, intérieurement, est *seul*. On ne saurait donc s'étonner du manque de mémoire dont tant et tant se plaignent de nos jours. On ne se rappelle vraiment que les choses auxquelles on a prêté véritablement *attention*.

Pour acquérir une mémoire parfaite et ainsi être capable de visualiser efficacement, la méthode naguère utilisée par Pythagore demeure, dans sa simplicité, à jamais la plus valable, les autres, d'ailleurs, n'ayant fait que lui ajouter des parures dont elle n'avait aucun besoin. Cette méthode repose sur l'observation et, par conséquent, sur l'utilisation consciente et attentive des cinq sens dont nous sommes dotés.

Au début, le processus implique l'usage persévérant de la *volonté* et cela, pendant une période plus ou moins longue selon le degré d'observation de chacun dans le passé. Par la suite, si l'on fait preuve de l'obstination nécessaire, l'habitude suppléera à la volonté et le mécanisme mis en mouvement continuera d'opérer de lui-même. Développer la mémoire revient donc à prendre une décision et à s'y tenir : *celle d'observer*. Une telle observation ne consiste pas seulement à apprendre à regarder. Elle concerne aussi les autres sens : l'ouïe, le goût, l'odorat et le toucher. Il ne peut, certes, être question d'être constamment en éveil, cela n'est pas humainement concevable, mais il faut l'être le plus longtemps possible. Pendant la période initiale, ce n'est pas l'attention qui doit être sollicitée de l'extérieur. Il faut, au contraire, *diriger volontairement* l'attention vers le dehors. Les yeux, le nez, les oreilles, la langue et les mains doivent être constamment vigilants. Chacun peut établir le programme de travail le plus compatible avec son existence de chaque jour, mais dans ce programme, les cinq sens, tour à tour, doivent pouvoir accomplir leur office. Du réveil au coucher, il faut avoir recueilli attentivement le plus grand nombre possible de perceptions et celles-ci ne doivent pas être limitées à un ensemble vague. Elles doivent être précises et n'avoir négligé *aucun détail*. Si l'observation porte sur une personne, par exemple, chaque trait du visage est à examiner, de même que la couleur des cheveux, la manière dont ils sont coiffés, la forme des oreilles, de la bouche, la silhouette d'ensemble, la démarche, les vêtements, etc. Il ne faut certes pas décider d'observer ainsi uniquement les personnes vers lesquelles on est attiré.

Toutes les personnes rencontrées doivent faire l'objet de la même attention et le même processus est à suivre pour les lieux où l'on se rend. En même temps que la vue, chaque fois que cela est faisable, les autres sens doivent remplir leur fonction, en particulier l'ouïe et l'odorat. Même la lecture peut devenir un sujet d'observation. Un livre et un journal, outre le texte, sont à considérer *attentivement* dans leur présentation, leur forme, les caractères typographiques et tant d'autres détails. Mais, *en plus* de l'observation ainsi pratiquée, il est bon de pratiquer l'expérience classique dont je rappellerai maintenant les éléments fondamentaux.

Chaque jour, à quelque moment de la journée, rendez-vous devant un magasin, arrêtez-vous devant la vitrine et examinez soigneusement tous les articles exposés. Considérez leur nature, leur forme, leur prix, leur disposition et l'endroit où ils sont placés. Le premier jour, accordez au moins cinq minutes à cet examen. Dès que vous avez terminé celui-ci, article après article, jetez un dernier regard attentif à toute la vitrine et éloignez-vous. Pendant une minute ou deux, pensez à autre chose, puis efforcez-vous de vous souvenir de ce que vous avez vu. Reconstituez *mentalement* la vitrine avec ses différents articles et disposez chaque détail à sa place. Ce travail achevé, revenez à la vitrine et effectuez le contrôle nécessaire. N'éprouvez aucun découragement si, au début, les résultats sont décevants. Ils représentent le chemin à parcourir et ce chemin, vous le parcourrez. Dans cette expérience, vous devez mentalement examiner, chaque jour, une vitrine différente, mais, de temps en temps, revenez aux précédentes et tâchez de déterminer s'il y a eu quelque transformation.

L'observation ainsi pratiquée en ce qui concerne les personnes, les circonstances et les choses en faisant appel aux *cinq* sens, et l'expérience indiquée — qui se rapporte plus particulièrement à la vue — conduite avec régularité et persévérance, développeront votre mémoire à un degré qui vous surprendra. Progressivement, vos perceptions revêtiront une extrême rapidité. Vos sens bien exercés recueilleront une somme d'informations de plus en plus nettes et précises avec de moins en moins d'effort volontaire. En particulier, votre mémoire visuelle sera considérablement intensifiée. Vos yeux se comporteront, peu à peu, comme une caméra. Ayant appris à vous en servir efficacement, vous serez comme l'opérateur expert qui, rapidement, photographie ce qui l'entoure et qui, ultérieurement, pourra, à son gré, projeter les images qu'il avait enregistrées. Entrant dans une salle où sont réunies beaucoup de personnes, il vous suffira de diriger votre regard d'un côté à l'autre pour avoir gravé en vous chaque détail et, après des années, vous surprendrez vos amis en leur rappelant cette réunion et la place qu'ils occupaient, voire les vêtements qu'ils portaient ou les paroles qu'ils avaient prononcées. Aucun problème de mémoire ne se posera plus jamais à vous et vous éprouverez une grande exaltation intérieure à avoir conquis ce que l'on peut considérer comme un *pouvoir exceptionnel*.

Avant même d'être parvenu à cette mémoire parfaite, la visualisation sera devenue, pour vous, d'une étonnante facilité et vous serez à même, *dans tous les domaines* de multiplier les expériences, avec des résultats qui transformeront votre personnalité et les horizons de votre existence. Mais un point doit être souligné. Le développement de la mémoire visuelle doit en principe permettre de construire facilement un tableau mental et, de toute façon, *il faut apprendre à le faire*. Cependant, je dois répéter que la visualisation, malgré son nom, ne se rapporte pas seulement à la vue, mais également aux autres sens physiques. Il peut donc s'agir d'une simple impression de fraîcheur, celle-ci étant *voulue* pour créer un état intérieur, ou encore une odeur d'encens "visualisée", si je puis dire, par l'odorat.

La visualisation peut aussi être une sensation générale, une condition physique particulière, dans laquelle le corps entier est concerné avec une intensité peut-être plus perceptible au niveau du plexus solaire. Dans ce cas, la visualisation proprement dite est abstraite. Elle se résume à une idée maintenue dans la pensée, à une intention définie et à une certaine tension de la volonté dans une direction donnée. Le résultat désiré sera, par ces diverses formes de visualisation, obtenu et — j'insiste une fois de plus sur ce point — la visualisation n'a de valeur que si elle a permis d'atteindre le *but* qu'elle s'est proposé. Elle est la phase *active* d'un processus qui comporte une autre phase complétant la première, en vue d'un résultat précis. Il y a dans ce processus trois stades. Le premier est celui de la *visualisation*. Il requiert la volonté et il est, cela vient d'être souligné, la phase active du travail expérimental envisagé. Le deuxième stade est celui de la *passivité*. Le conditionnement intérieur ayant été réalisé au premier point, l'état étant obtenu et le degré vibratoire atteint, la visualisation a, en effet, accompli son œuvre. Il faut alors quitter cette phase initiale, *l'oublier* et demeurer *passif* pour recueillir les impressions attendues.

Cette phase de passivité est un état de communion au cours duquel l'harmonie est établie avec le plan atteint, grâce à la visualisation. A ce moment, ce qui est reçu est de *nature vibratoire*. Les impressions et les images, ou bien la solution consciente d'une question ou d'un problème, ne sont pas encore formulées. Elles ne le seront qu'après la seconde phase, au moment où l'on revient au plan de conscience ordinaire et même quelquefois beaucoup plus tard, alors qu'on ne s'y attendra pas. En tout cas, les deux premiers stades ayant été bien établis, *nécessairement* le troisième est réalisé, que l'on en ait conscience ou non. L'expérience peut concerner une question d'ordre humain ou physique. C'est le cas de toute visualisation ayant pour objet une réalisation matérielle ou un contact, par exemple, avec une personne éloignée. Il peut s'agir aussi d'une expérience mystique ou d'une méditation. Mais, dans l'un et l'autre cas, le processus est exactement le même et le moment culminant de l'expérience est au niveau du deuxième stade, celui de la communion, de l'harmonisation vibratoire. A l'extrême, s'il n'y avait *ensuite* aucun résultat conscient sous forme d'image ou d'impressions, l'expérience n'en aurait pas moins réussi et, d'une manière ou de l'autre, les conséquences s'en feraient sentir dans notre existence. *L'erreur* consiste à attendre d'une pratique de ce genre des phénomènes sous formes de visions, d'impressions ou de sensations définies.

De tels phénomènes peuvent se produire et ils se produisent, en fait, souvent. *Mais* ils ne sont pas essentiels, ils ne sont même pas nécessaires et, quelquefois, ils ont des conséquences *restrictives*. Une vision, par exemple, frappe au point d'occuper toutes nos pensées et le champ de notre conscience. Elle risque de devenir un objet *exclusif* de méditation et de discussion, au détriment d'éléments encore dans l'ombre dont l'importance aurait été infiniment plus grande pour notre vie ou encore pour notre réalisation spirituelle. Il est donc préférable, avant d'accorder une attention particulière à quelque phénomène que ce soit, de noter simplement celui-ci et *d'attendre*, afin que l'ensemble des résultats apparaisse et que l'expérience revête ainsi toute sa portée. Il faut se souvenir que des impressions ou des faits survenant *plusieurs jours et quelquefois davantage* après l'expérience, peuvent être reliés à celle-ci et lui conférer une dimension insoupçonnée.

Cependant, ces précautions étant prises, il est nécessaire d'accorder l'attention la plus soutenue aux résultats obtenus et d'en retirer tout le bénéfice, sans oublier jamais que l'expérience a pour but d'acquérir *plus de lumière*, d'avancer sur le sentier de l'évolution et que le résultat le plus valable sera compris seulement bien plus tard quand, jetant un regard sur le passé, on sera à même de mesurer le chemin parcouru. L'homme doit, en tout cas, apprendre à regarder sans cesse plus loin et plus haut s'il veut se dégager de l'oppression d'une civilisation qui aurait une valeur différente et beaucoup plus positive si sa vision du bien-être matériel était complétée par des aspirations dépassant les seules réalisations matérielles.

De tout temps et aujourd'hui autant que jadis, l'homme dispose des moyens que Dieu a prévu pour lui et qui peuvent lui ouvrir un domaine d'expérience transcendant les harassantes routines du quotidien. Ces moyens sont *en lui*. La science reconnaît qu'une faible partie des facultés humaines est éveillée. Il appartient à l'homme de chercher à donner force et vigueur, pour son propre bien, à ses autres facultés toujours latentes. Tout résultat dans le domaine de la recherche spirituelle nécessite une incessante expérimentation et, dans celle-ci, la *visualisation* a sa place. Son exceptionnelle valeur a été soulignée dans ces pages, mais il ne suffit pas de l'admettre. Une connaissance est stérile si elle ne comporte aucune application. L'on transforme sa vie et l'on se transforme soi-même en se livrant à la *mise en pratique.*

Nous allons maintenant ensemble recueillir d'une mise en harmonie intérieure des éclaircissements d'intérêt plus immédiat. Ensemble, nous allons mettre en pratique une technique dont la portée ne se comprend vraiment que si elle n'est pas maintenue sur le plan de la pure théorie. Il appartiendra ensuite à chacun de se livrer à ses propres expériences. Rien n'est caché à l'homme. Tout ce qui lui est utile est à sa disposition, *s'il le veut.* Il n'est aucune question qui n'ait sa juste réponse. Ce livre apportera la solution de certains problèmes. Mais cette solution qui m'aura satisfait aura peut-être besoin d'autres développements pour être acceptable par certains. Dans ce cas, ce sera à eux, en employant une méthode semblable, d'obtenir des résultats qui rencontreront leur adhésion sans réserve.

La vérité est une, mais elle a des aspects multiples. Ce livre en présente quelques-uns. Chacun aura la possibilité, à tout moment, d'en définir d'autres pour lui-même. Il lui suffira, ayant développé une mémoire satisfaisante et étant, de cette façon, capable d'une visualisation correcte, de s'élever jusqu'à la cathédrale cosmique pour y découvrir les réponses auxquelles il aspire. Pour quelques-uns, cette visualisation revêtira l'aspect d'un temple ou d'une mosquée, pour d'autres celui d'une synagogue ou d'un édifice public et pour d'autres encore, celui d'un paysage naturel. Elle revêt pour moi, je l'ai dit, la forme d'une *cathédrale*. Je vous invite à me suivre dans ce haut lieu symbolique sur lequel je bâtis ma propre recherche. Les maîtres de la connaissance nous attendent là…

RÉALITÉ DE LA VISUALISATION

Il ne peut faire de doute que, pour moi, la cathédrale que je visualise est devenue, dans ma recherche, aussi *réelle* que le monde physique où s'exprime notre existence quotidienne. Une telle certitude, cependant, n'est pas communicable et, de surcroît, elle soulève de sérieuses objections. Comment, en effet, une visualisation peut-elle être une réalité, si chacun peut lui conférer la forme et la nature de son choix ? Comment peut-elle être pour moi une cathédrale et pour d'autres une mosquée ou un temple ? Si elle existe vraiment, où est-elle ? Mais il n'en est pas de même de celles suscitées par l'existence réelle d'une cathédrale bâtie par une visualisation comme une sorte de sanctuaire *invisible*.

Je pourrais, certes, disserter sur ce sujet à partir de concepts philosophiques reconnus sinon admis par beaucoup et, raisonnant par l'absurde sur la notion de réalité, en venir à quelque preuve peu convaincante. Il ne saurait être question de preuve dans un tel domaine. On ne peut discuter qu'à partir d'un postulat : une telle cathédrale inventée par la visualisation existe, et cette existence acceptée, considérer la nature de sa réalité. Assurément, mes conceptions à cet égard sont bien établies, tout au moins dans leur fondement, car leur forme est soumise à changement, comme c'est le cas pour quelque formulation ou explication que ce soit, et de ces conceptions je pourrais faire la charpente de mon exposé. Mais même si, inévitablement, il faut y revenir ensuite, le plan de l'intellect doit toujours être dépassé quelques instants, si l'on veut que, d'elles-mêmes, les pensées se rassemblent et s'ordonnent autour du thème à considérer. Or, où mieux, précisément, qu'au niveau d'une *forme* visualisée, serait rencontrée l'harmonie intérieure qui, par la suite, pourra auréoler d'une conviction profonde, les arguments retenus à l'appui de nos certitudes personnelles ?

De plus, n'est-ce pas là aussi qu'une lumière plus grande est sans cesse à notre disposition ? Puisque c'est la réalité de l'édifice visualisé qui fait, en ce moment même, l'objet de notre étude, en nous y rendant n'aurons-nous pas ainsi qu'une preuve subjective de cette réalité ? Le doute, en ce qui me concerne, est dépassé et quelque soit le problème, ma pensée, aussitôt, me murmure : « La cathédrale ! » C'est là qu'aujourd'hui encore, j'irai chercher refuge, et la voici, *ma* cathédrale, telle que ma visualisation l'a définie, créée, bâtie ! Elle est la réalité vivante où se reconnaît tout mon être, où il s'abandonne à la joie véritable et au souffle radieux d'une profonde paix. Comme ces lieux me sont familiers ! Quel privilège de les avoir sans cesse à ma portée, ne subissant aucune transformation, *sauf* si j'en décidais autrement pour qu'ils m'inspirent davantage ! Dans la vie courante où l'évolution s'opère par les épreuves, le temps est multiple et les espaces divers. Or, de partout, dans ce temps et ces espaces, ma cathédrale est aussitôt accessible. Il me suffit d'être prêt et de frapper, pour qu'aussitôt les portails de ses horizons infinis s'ouvrent devant mon espérance.

Aujourd'hui, j'imagine l'édifice immense et presque désert. Ici et là, il y a bien, méditant, des gens agenouillés, mais les proportions de la cathédrale que je forme mentalement sont si gigantesques qu'une foule considérable paraîtrait en ces lieux insignifiante... Pourtant, pour renforcer ma visualisation et ce qu'elle produit en moi en impressions subjectives, j'imagine encore qu'une cérémonie a eu lieu dans la cathédrale, il y a peu de temps. Je longe les imposantes colonnes pour rejoindre un sanctuaire où je me visualise habituellement. Je me dirige vers une stalle, près de la fenêtre aux chatoyants vitraux. Et ma visualisation s'efface pour laisser place à une communion intérieure dans laquelle j'accepte de ressentir une “présence” et j'entends : « Je suis le maître des symboles ! Alors, écoute... »

> « J'ai suivi le cheminement de ta pensée en relation avec le sujet à propos duquel tu aspires à plus de lumière. Réfléchis ! Il est question de la *réalité* de la visualisation. Tu as fort bien compris toi-même que si nous parvenons à définir ce que représente, dans ce cas, le mot *réalité*, le problème sera résolu dans l'ensemble de ses aspects, et si c'est le maître des symboles qui, aujourd'hui, doit t'éclairer, il est évident que notre sujet devra, dans une large mesure, être considéré du point de vue *symbolique*. Pourtant, ne négligeons pas d'autres aspects intéressants. Dans l'univers, chacun le sait maintenant, et la science de la terre le reconnaît, *tout est vibrations*. Ton sanctuaire terrestre, aussi bien que les églises, les temples, les mosquées et les synagogues, a, pour toi et les autres, une forme matérielle déterminée, mais cette forme n'est *qu'apparente*. Essentiellement, elle est l'interprétation, par le mental informé par les perceptions des sens physiques, d'une masse vibratoire dont les composants se meuvent à diverses fréquences. Il en est de même, d'ailleurs, de la création physique tout entière et il en est ainsi, également, de ton corps. La matière est soumise aux lois cosmiques et celles-ci accomplissent une mission constante et impersonnelle de création.

Mais suppose qu'elles soient sous la dépendance de l'homme. Ton sanctuaire et les édifices choisis pour exemple, pourraient prendre, à ton gré, des *apparences* différentes. Quoi qu'il en soit, le mot approprié vient d'apparaître : le monde est fait *d'apparences* ; il n'a pas la *réalité* qu'on lui confère. En outre, les sens physiques, tu le rappelles souvent toi-même, sont sujets à l'erreur et à l'illusion, de sorte que ce monde apparent est encore différent dans *l'interprétation* qu'en ont les hommes.

Mais c'est dans ce milieu *d'interprétations* que l'humanité se manifeste, se développe et évolue. Elle ne se soucie pas de savoir si le monde est *réel ou non*. Elle tient compte de ce qu'elle perçoit et comprend, et elle s'en sert, sans se préoccuper de savoir si son environnement est une illusion et sans se demander si le fait de connaître la réalité derrière les apparences changerait quoi que ce soit à sa manière de vivre.

Nous avons là un exemple fondamental de ce qui peut être entrepris et réalisé à partir de conditions dont la *réalité* est absente et dont il est tenu compte uniquement des *apparences*. Notons, en passant, combien il est paradoxal — et amusant ! — d'entendre certains taxer de "fantaisie", d'imagination ou d'irréalisme ceux qui, au-delà des apparences, s'efforcent d'appréhender la *réalité* et qui, au-delà du visible, cherchent à percer l'invisible, alors que *tous* les hommes, et naturellement eux-mêmes, vivent, en le sachant, mais sans s'en soucier, dans un monde où la réalité est loin d'être ce qu'elle apparaît !

L'homme, pour que son existence soit profitable, a besoin d'un *décor* et même si ce décor est fallacieux, il s'en contente, car, avant tout, il lui faut la *stabilité intérieure* pour pouvoir franchir, tant bien que mal, la trame de son existence. Nous ne nous occupons pas ici de la raison profonde, cosmique, de la vie humaine. Nous analysons les conditions et les circonstances matérielles dans lesquelles elle se manifeste et nous voyons que ces conditions et circonstances sont apparentes et, aussi difficiles qu'elles puissent être, *différentes de la réalité*.

« Les mystiques déclarent — et certes ils ont raison ! — que la fin de l'homme est à considérer du point de vue de son évolution. Il importe donc peu que le "décor" où se déroule cette évolution soit conforme ou non à la réalité. Les *réactions humaines* à ce décor ont, seules, une valeur authentique, car c'est sur elles que s'édifie l'évolution personnelle. On pourrait aller jusqu'à soutenir que le décor, le monde, n'est, en dernière analyse, rien d'autre qu'une *visualisation permanente et objectivée* à laquelle se livrerait, d'un commun accord, toute l'humanité et qu'elle enseignerait de génération en génération. En tout cas, nous sommes, au niveau du monde manifesté, bien loin de la réalité !

« D'un autre côté, l'homme dispose de facultés latentes dont on peut regretter qu'elles ne soient pas universellement développées, mais elles ne peuvent l'être vraiment que chez ceux qui sont *prêts*, car si l'humanité, d'un jour à l'autre, disposait brusquement de la plénitude de ces facultés, il en résulterait pour elle un mortel désarroi, sans compter les abus auxquels conduirait l'ignorance du plus grand nombre ! Je l'ai dit, l'homme a besoin de *sécurité* et seules sont nécessaires, pour son évolution, ses réactions aux conditions qui l'entourent. Le décor d'apparences devenant soudain *réalité*, créerait une situation à laquelle l'humanité ne résisterait pas. Non, crois-moi, tout est bien ainsi ! La progression doit être lente. Il doit y avoir adaptation. La sauvegarde de l'humanité et l'évolution humaine sont à ce prix !

« Mais ce qui est vrai pour l'ensemble ne l'est pas nécessairement pour l'avant-garde, l'élite, la *minorité* de ceux qui, étant prêts, ont aspiré à un développement plus rapide, sans cesser d'être harmonieux, et à l'éveil de toutes leurs facultés en sommeil. Ils sont en avance, très largement, sur leur temps et la masse qu'ils ne font, au demeurant, que précéder, ne les comprenant pas, les juge mal. Pour elle, leurs efforts sont inutiles et leurs résultats, le fruit d'une imagination débordante ou, au pire, d'un malheureux déséquilibre ! Pourtant, c'est bien cette avant-garde qui est dans la vérité, face à la réalité, et ce sont ceux qui la jugent et la déconsidèrent qui sont dans le rêve et dans l'illusion !

« Ces considérations sur la réalité en face de l'illusion ont fait avancer notre propos. L'homme ne peut changer rien dans l'ordre universel. Il en ignore la plupart des lois, mais il les subit toutes. Il peut, cependant, *coopérer* avec elles et s'en servir pour son propre bien. C'est ce qu'apprend à faire *l'initié*. Or, s'il est une loi fondamentale, c'est bien la *loi des vibrations* et qui la connaît peut agir à partir d'elle et avec elle, avec, toutefois, une exception, celle-ci : même s'il a compris la vanité ou l'irréalité du décor dont se contente l'homme — et il ne peut que l'avoir compris — il doit savoir *se taire* et s'y intégrer, car il n'est pas autorisé à changer quoi que ce soit à l'ordre des choses. En revanche, il peut faire, pour le bien, usage de son pouvoir et, en particulier, l'immensité cosmique est à sa disposition pour tout ce qu'il souhaite y édifier dans un esprit de service altruiste et de dévouement à l'humanité.

« La pensée — qui ne le sait ? — est *toute puissante*. L'homme, replié sur lui-même, s'en sert souvent à tort et il est à l'origine de ses propres souffrances. Mais celui qui est éclairé emploie la puissance de la pensée dans la création d'œuvres solides et, d'abord, dans la régénération de sa propre personnalité. Le Dr Harvey Spencer Lewis, fondateur d'un grand mouvement mondial*, a bâti pour ses membres un lieu de visualisation appelé à l'origine "cathédrale de l'âme". Cette œuvre est une idée, plus exactement, elle est un "moule plastique" offert à la dextérité du mystique qui en a compris l'essence et la portée. La direction générale est indiquée et le but est désigné. La pensée du "fondateur" a condensé une masse vibratoire d'une fréquence déterminée et d'une puissance précise. Cette masse vibratoire est, elle-même, *sans forme*, c'est-à-dire qu'elle peut prendre *toutes les formes*, et cela dépend uniquement de la volonté de celui qui y a accès.

« Tout est fonction du désir de celui qui entreprend de bénéficier de l'œuvre réalisée. Et l'on retrouve ici les principes fondamentaux. La visualisation effective pourra consister seulement en

---

** L'Ordre de la Rose+Croix A.M.O.R.C., dont le siège pour les pays de langue française, est actuellement situé au :*
Château d'Omonville
Le Tremblay
27110 LE NEUBOURG

un point focal vers lequel on fait porter sa concentration, et la masse vibratoire restera alors informe, sans pour autant que soient amoindries sa valeur et sa puissance. Mais dans l'expérimentation, on peut aussi bien bâtir à partir des vibrations auxquelles on a accès, les structures de son choix, celles qui seront une source d'inspiration, de joie, de connaissance, et c'est par la *visualisation* que l'on opérera cette construction spirituelle.

« Ainsi, pour toi, la cathédrale que tu édifies est *réelle*, comme le sera, pour d'autres, la construction qu'ils auront faite. En *essence*, les pensées concentrées vers elle seront projetées au sein de cette masse vibratoire sans forme — ou en résonance avec elle, ce qui revient au même — et elles seront toutes *réunies*. En réalité, chacun sera dans un "environnement" qui sera celui qu'il aura conçu pour lui-même. Il ne peut donc y avoir de doute en toi sur la *réalité de toute visualisation*. Ta cathédrale est réelle, bien réelle ; elle est réelle pour quiconque considérerait sous cette forme particulière la forme visualisée. Que cela fasse l'objet de tes méditations : tout symbole renferme une vérité et, à la base du symbole, se tient à jamais la RÉALITÉ. J'ai dit ! »

Le maître des symboles s'estompe de ma visualisation et je reviens lentement à la conscience objective. Ce contact me conduit naturellement à maintes réflexions, mais ce qui m'a frappé surtout, ce sont les explications du maître des symboles sur la *réalité*. Tout est apparence et tout est réalité à la fois. Il y a réalité et il y a notre réalité personnelle qui est notre degré de perception particulier de la réalité unique. Il semble donc bien que toutes nos réalités individuelles soient vraies. Elles sont un aspect de la *vérité universelle.* Comment, alors, ne pas comprendre la nécessité d'une absolue tolérance et comment oser juger la conception d'autrui, en supposant, à tort, que notre vérité est plus valable que la sienne ? La réalité de l'un peut être mensonge pour l'autre. En quoi cela nous intéresse-t-il ? Comment l'injonction de la tradition est juste : *se taire* ! Ecouter, comprendre, compatir, aider, servir, mais savoir être silencieux, telle doit être la devise du sage...

Et je me souviens tout à coup d'une remarque que m'avait faite, aux États-Unis, l'un de mes plus proches amis, à propos d'un exposé que je venais de faire. « C'est une intéressante *théorie* ! » m'avait-il déclaré en substance, en insistant sur le mot *théorie.* Certes, il est juste de dire que toute opinion émise sur une question dépassant ce que l'on a coutume d'appeler les possibilités de preuve concrète est une théorie. Mais alors, notre monde entier, ses lois, ses coutumes, ses croyances et même sa science ne sont pas autre chose que des théories. Il est prouvé que nos sens physiques nous trompent, que l'univers n'est pas tel qu'il nous apparaît, le maître des symboles l'a rappelé. Nous vivons donc bien dans un monde *théorique* et, cependant, nous agissons, réalisons et accomplissons notre mission d'homme avec des *résultats* valables et concrets. D'autre part, il est évident que l'humanité n'a pu avancer qu'à partir de théories dont certaines, ensuite, se sont avérées fausses ; du moins elles ont été rejetées comme telles peut-être temporairement. La loi de la relativité est actuellement contestée. Elle n'en a pas moins permis de considérables découvertes. Sans *théories*, aucun progrès ne serait possible.

En ce qui concerne les théories nées d'une harmonisation intérieure, plus que toute autre, elles peuvent, dans certains cas, paraître éloignées de ce qui est généralement admis dans le monde. Cela ne diminue à aucun égard leur valeur. Une "théorie" perçue en soi à la suite d'une visualisation ou d'une méditation, par exemple, est, pour celui qui l'a recueillie, une *certitude*, une *conviction*. Elle est une réalité aussi vivante qu'une explication satisfaisante reçue autrement. Elle est concrète et se démontre par sa mise à l'épreuve et par son expérimentation. Mais surtout, elle trouve en nous une résonance que, seule, la *vérité* peut rencontrer. L'on pourrait ajouter qu'une théorie, dans un monde de théories, apporte une opportunité de plus aux réalisations concrètes de l'homme, mais il est préférable de considérer, avec Bergson, que la conscience peut avoir des *« données immédiates »* et que ces données seront à l'origine de faits qui constitueront, après coup, une preuve en leur faveur. Une forme visualisée est, sans doute, une *« donnée provoquée »*. Ce qu'elle révèle en connaissances et en inspirations, tout comme ce qu'elle apporte en réconfort, en soutien et en solutions, démontre non seulement la réalité que lui a conférée le maître des symboles, mais aussi la vérité de la lumière qu'elle dispense sur quelque sujet que ce soit à celui qui a appris à interroger et à écouter...

Je viens de me référer, une fois de plus, au maître des symboles et à ce sujet, la question de la *réalité* pourrait se poser. Toutes les explications nécessaires ont déjà été apportées au sujet des *maîtres* rencontrés dans la cathédrale dont j'ai fait la structure de ma visualisation. Ils sont la personnification d'un état particulier, du degré atteint au cours d'un contact déterminé. Il y a, en effet, dans la communion intérieure, un nombre important de "niveaux" et ceux-ci sont fonction du but poursuivi dans la recherche du contact. Il est donc possible de *symboliser* le niveau ou degré atteint et l'inspiration reçue, par la présence d'un maître ayant la responsabilité de ce niveau ou degré, et c'est ce qui est fait dans ces messages.

Mais après le sujet traité dans ce chapitre et les réponses reçues, une question peut se poser : *« Ces maîtres n'auraient-ils pas quelque réalité ? »* Les enseignements traditionnels se réfèrent aux *maîtres cosmiques*. Les explications les concernant sont assurément logiques. Ils accomplissent, dans l'ordre universel, une mission définie. Ce sont des *réalisés* qui, après avoir franchi toutes les étapes de l'évolution, sont parvenus au but et ont choisi d'aider ceux qui cheminent encore dans la forêt des erreurs. Pourquoi, par l'intermédiaire d'une création établie par la visualisation, ne transmettraient-ils pas un peu de leur lumière à ceux qui, désintéressés, et dans une intention de service, sont en quête de vérités pouvant éclairer l'homme dans sa démarche spirituelle ? Dans ce cas, lors de toute méditation, le maître serait bien là, imprimant dans la conscience du méditant la réponse qui, ensuite, prendra la forme de mots et donnera naissance aux explications désirées. Quant au nom qui lui est attribué, il importe peu. Le même maître peut être à la fois bienveillant et sévère, enseigner le symbole ou une autre science secrète. *Ce qui est transmis dépend de celui qui reçoit et de la question posée*. Pour moi, au moment où je rapporte une expérience, je crois en la réalité du maître. C'est là mon opinion, *ma* conviction. Mais au fond, n'est-ce pas seulement le message qui compte et la lumière qu'il peut répandre ?

LA TRADITION PRIMORDIALE

Au cours d'une visualisation bien dirigée, il est possible de recueillir plus de lumière sur tous les sujets pouvant, à quelque moment que ce soit, retenir l'attention de celui qui est en quête de vérité et de sagesse. Il n'y a aucune limite à la connaissance universelle, condensée, pour ainsi dire, en ce point focal, vers lequel convergent l'espérance et les appels du néophyte débutant tout autant que de l'adepte confirmé. La réponse dépend, non de la cathédrale cosmique, mais de celui qui s'efforce de se situer temporairement à ce niveau transcendant de conscience. La visualisation bien conduite, suivie d'une réceptivité satisfaisante, provoque l'état indispensable à des expériences cosmiques particulières. La structure choisie pour la visualisation pourrait ainsi être comparée à un promontoire disposé de telle façon qu'il offrirait à la vue un champ infini de perceptions. Cette image permet de comprendre que la "condensation" de la connaissance mentionnée précédemment, se produit chez *celui* qui se hisse jusqu'à ce promontoire, et non pas sur ce promontoire même. C'est pourquoi les éclaircissements obtenus au cours d'un tel contact diffèrent avec chacun. La même sagesse revêt une forme extérieure différente pour beaucoup, cette forme étant fonction de la compréhension de chacun. La forme est un voile, mais derrière ce voile se tient l'éternelle Réalité.

Ces dernières considérations, par le jeu impressionnant de l'association et de l'enchaînement des idées, m'amènent à un sujet dont notre époque semble se préoccuper autant et peut-être davantage que naguère. Des ouvrages sont, en effet, publiés, en grand nombre, sur la *Tradition Primordiale* et des écrits anciens, depuis longtemps oubliés, reviennent au jour. La recherche du "sensationnel" à tout prix suscite les thèses les plus invraisemblables, alors que la vérité, comme toujours, réside, inébranlable, dans la simplicité.

S'il faut considérer avec satisfaction l'intérêt croissant que porte le public aux questions traditionnelles, et s'il faut, dans une certaine mesure, se réjouir que cet intérêt soit alimenté par le succès d'ouvrages de vulgarisation, il est, en revanche, nécessaire d'éviter que des théories excessives et sans fondement réel portent, tôt ou tard, préjudice à la cause qu'elles supposent soutenir.

La tradition est une *affaire sérieuse*. Elle a, comme l'histoire en général, ses Alexandre Dumas, mais l'admiration que l'on voue à ces derniers pour leur œuvre d'imagination souvent exaltante ne doit pas leur conférer une autorité à laquelle ils n'ont pas droit et qu'ils ne recherchent d'ailleurs pas. Ils font cependant, il faut le reconnaître, une œuvre aussi utile que les doctes historiens dont la science est parfois trop figée sur des positions dogmatiques et, par conséquent, vulnérables.

Malgré ces réserves, soulignons qu'il n'est pas sans intérêt de s'informer sur les diverses thèses en présence et sur celles qui, de temps à autre, sont exprimées en des termes nouveaux. Certaines pourront nous séduire sur l'instant, et nous sembler, par la suite, absurdes. Notre intérêt pourra ainsi errer d'une théorie à l'autre, sans jamais se fixer définitivement, mais un tel cheminement est, en dernière analyse, fructueux par la *direction* qu'il donne aux pensées et à la méditation.

Notre propos n'est pas de dresser un inventaire des innombrables théories se rapportant à la tradition primordiale. Il est à la fois plus simple et plus ambitieux. Nous voulons une réponse nette et définitive à la question : *« Y a-t-il eu une tradition primordiale ? »* et, si cette réponse est affirmative et nous conduit à des considérations annexes, nous aurons acquis certaines connaissances basées sur une certitude qui restera inébranlable. Généralement, la tradition primordiale est une hypothèse. Il faut qu'elle devienne, pour nous, *un fait certain* ou bien qu'elle soit, une fois pour toutes, écartée, aussi attrayante soit-elle, comme une fantaisie de l'esprit.

C'est donc avec cette seule question à la pensée que je m'apprête maintenant à ma pratique de visualisation d'une cathédrale. Il me semble y parvenir encore plus rapidement que de coutume. Peut-être est-ce parce que ma visualisation, *avec l'habitude*, est en moins de temps brossée, sans pourtant qu'aucun élément ne soit négligé. Cette fois-ci, je visualise cependant, dans le sanctuaire choisi, le *maître de la tradition*. Je ne le "sens" pas seul. A ses côtés, je visualise, en effet, le maître des symboles. Sa présence ici suggère que tradition et symboles sont liés. L'on ne peut en douter quand il s'agit du *contenu* de la tradition à diverses époques, mais quelle relation peut-il bien exister entre la tradition primordiale et le symbole ? Dans la réceptivité à laquelle je m'abandonne, je sens s'enregistrer *la* vibration qui, tout à l'heure, se déploiera en mots, en phrases et en connaissance perçue. Je suis "entré dans le silence" et mon âme s'imprègne de lumière. Elle écoute, car voici que le maître de la tradition lui enseigne...

> « La tradition primordiale est *réalité* ! Elle est même, par rapport aux traditions humaines, la *seule* réalité et il y a un fait que l'on néglige souvent. On se réfère à la tradition primordiale en relation avec la terre uniquement, et on limite ainsi son existence à

une toute petite partie du cosmos. Or, la tradition primordiale est *universelle* et nous allons maintenant examiner pourquoi. Pour bien comprendre le sujet très vaste dont nous devons nous occuper, il faut distinguer la tradition de la sagesse. On les confond généralement et il en résulte des conclusions erronées et de nombreux malentendus. Suis attentivement mes explications.

« La sagesse est *divine*. Comme Dieu, elle est éternelle. Jamais elle n'a eu de commencement et jamais elle n'aura de fin, et si j'insiste sur son éternité, c'est pour souligner aussi qu'elle reste à jamais semblable à elle-même. Elle ne s'accroît ni ne diminue. En fait, elle est un attribut de Dieu. Comme Dieu, elle ne peut être définie et il est impossible de concevoir sa nature. Aucun mot ne peut l'expliquer et aucun homme la comprendre dans son intégralité. Cependant, il est possible de s'harmoniser *intérieurement* avec elle. Il est possible aussi d'en étudier la manifestation et, par cette manifestation, d'établir une résonance avec la source.

« En somme, ce que tu as exposé au sujet de Dieu s'applique à la sagesse, car la *sagesse est Dieu*, elle est Son verbe, Sa parole. Sur la sagesse de Dieu repose l'univers. Le cosmique qui est, tu l'as dit, la manifestation de Dieu est, de ce fait, la manifestation, également, de la sagesse. La tradition primordiale n'est pas la sagesse. Elle est sa toute première expression ; elle est son reflet initial ou, si tu préfères, son "véhicule" cosmique. *La tradition primordiale est la sagesse rendue accessible à la compréhension*. Elle n'a pu exister qu'à partir du moment où il y a eu une intelligence pour la recevoir.

« Avant que cette intelligence soit, seule la sagesse était, la tradition primordiale n'ayant aucune raison d'être. S'il n'y avait eu création, il n'y aurait jamais eu tradition, et même, dans la création, la tradition est apparue au même moment que l'intelligence. Doit-on, dès lors, considérer que la tradition est une création humaine ? Ce serait une erreur. Répétons que tradition et compréhension vont de pair, que l'une ne peut être sans l'autre et nous serons dans la vérité.

« Nous sommes maintenant en mesure de comprendre notre définition de la tradition primordiale : elle est bien le plus haut degré que puisse atteindre l'intelligence dans la compréhension de la sagesse éternelle. Autrement dit, elle est la *forme première* qu'a revêtu la sagesse pour se manifester à l'intelligence. Tu noteras que, dans toutes les explications qui viennent de t'être données, en mentionnant l'intelligence je n'ai, à aucun moment, spécifié "l'intelligence humaine". Par "intelligence", j'entends, en effet, la compréhension pouvant exister en quelque partie de l'univers que ce soit.

« Dans l'univers, il existe des mondes plus évolués que la terre et d'autres qui le sont moins. Mais dans tous ces mondes, il y a une recherche de la sagesse et il y a, par conséquent, une aspiration vers la tradition primordiale. Tu vois ainsi combien j'avais raison, au début de notre entretien, de préciser *l'universalité de la tradition.*

« Cependant, une question reste posée. Nous savons que la tradition primordiale est l'expression première et *complète* de la sagesse, une expression accessible à l'intelligence et que celle-ci ne peut dépasser.

On est donc amené à se demander : « *Certains êtres ont-ils eu accès à cette tradition primordiale ?* » ou, ce qui est une formulation plus correcte du problème : « *Y a-t-il eu, dans l'univers, des intelligences assez évoluées pour recueillir la tradition primordiale dans son intégralité ?* », la question subsidiaire étant : « *Dans ce cas, la tradition primordiale a-t-elle des gardiens et qui sont-ils ?* »

« Nous avons là matière à la plus intéressante discussion qui soit, car nous sommes au cœur même de toute la connaissance. J'avancerai lentement dans mes explications, sans craindre de me répéter. Si tu comprends parfaitement le sujet pour lequel tu as désiré la lumière de la cathédrale cosmique, tu n'auras plus jamais aucun problème pour rendre à la tradition ce qui lui revient et pour éliminer d'elle ce qui lui est étranger.

« Dans l'univers manifesté, les formes se sont progressivement développées. A partir de l'unité divine, la création s'est déployée en des expressions infinies et ces expressions étaient porteuses d'une *intelligence latente*, statique, pour ainsi dire et n'ayant aucune conscience d'elle-même. A la base de toute matière, se tient constamment l'énergie spirituelle, et cette énergie agit dans une direction *intelligente*. Dans l'épanouissement du créé, dans *l'involution* ayant son origine dans *l'Un* qui reste à jamais le *Tout*, les conditions ont été, un jour, réunies pour qu'en divers points de l'univers, l'intelligence incluse dans les formes en évolution se reconnaisse à travers ces formes et devienne consciente d'elle-même. Sois très attentif, car je te révèle, en ce moment, l'origine de la pensée dans la création universelle.

« Ecoute, et souviens-toi pour méditer ensuite. Au commencement, il n'y avait que Dieu dans son unité absolue. Puis, il y a eu Dieu et le cosmique, c'est-à-dire, pour employer une image, *Dieu en expansion* ou, ce qui est plus exact, Dieu éveillant chacun des aspects de Lui-même, le Tout en mouvement, mais restant éternellement inchangé. On pourrait même admettre qu'il n'y a jamais eu création, que l'univers a toujours été en Dieu, comme une partie de Dieu, comme l'un de Ses aspects. L'univers en Dieu n'a pas de forme ; il est une pensée unique, permanente, et si cette pensée devient innombrable, c'est que Dieu Lui-même est innombrable dans son unité. Chaque partie de l'univers est dans le sein de Dieu, participe à la nature de Dieu et, en dernière analyse *est* Dieu, sans que Dieu, jamais, soit aucune de Ses parties en elles-mêmes.

« Mais l'intelligence divine, enfouie dans ce qui est connu comme étant le microcosme, se suppose, en se reconnaissant elle-même par les formes et à travers elles, séparée et distincte et, devenue consciente, elle croit créer et agir, alors qu'elle suit simplement la direction qui lui est tracée, qui est tracée par sa propre divinité, dans le plan des choses et dans l'intention de Dieu dont elle fait partie. Cette intelligence divine doit devenir consciente de son unité avec le Tout, de la même manière qu'elle est consciente d'elle-même. Elle doit, en d'autres termes, comprendre ce qui est et *ce qui n'a jamais cessé d'être.* Considéré depuis elle-même, l'univers lui apparaît fragmenté, divers et multiple, mais c'est par cette *apparence* — les mots illusion et erreurs seraient inappropriés — qu'elle doit connaître la *réalité.* Que cette intelligence ait, en un point de l'univers et même plusieurs, progressé vers cette connaissance ultime, il est impossible d'en douter. Même sur terre, où l'évolution n'en est qu'à ces débuts par comparaison avec le niveau atteint "ailleurs", les progrès accomplis sont incontestables.

« Si des mondes sont moins avancés que la terre, d'autres le sont davantage et, sur la voie du "retour", quelques-uns ont franchi les étapes les plus importantes. Or, nous l'avons compris, le but — la conscience absolue de l'unité — revient à l'acquisition de la sagesse, au sens le plus sublime du terme, et la sagesse ne pouvant être connue par l'intelligence, c'est la compréhension qui doit être retrouvée, c'est-à-dire la *tradition primordiale*. Ma réponse à la première question posée sera sans ambiguïté : dans l'univers, certains ont eu accès à la tradition primordiale. Ils ont connu ainsi la plus haute vérité accessible à l'intelligence et ils se sont, de ce fait, harmonisés avec la sagesse divine et avec la Réalité, avec le Tout absolu et unique. Ceux-là, dans la création, sont les véritables *supérieurs inconnus* et leur mission, ensuite, a consisté à préserver ce qu'ils avaient acquis et à garder intact un dépôt aussi sacré, mais en le mettant à la portée de toutes les intelligences qui, dans l'univers, mériteraient de le partager. Ces *supérieurs inconnus* avaient conscience de l'unité de l'univers. Ayant été les premiers à atteindre le but, ils comprirent aussitôt que leur devoir était d'aider les autres intelligences en évolution à y parvenir, car leur succès n'avait de réalité et d'utilité que par la mission qu'il impliquait ensuite pour eux. Comment ils accomplirent leur œuvre, c'est ce que nous examinerons maintenant, mais une remarque s'impose immédiatement.

« Intelligence veut dire connaissance et, pour connaître, il faut comprendre. Ceux que j'ai appelé les *véritables* supérieurs inconnus sont parvenus à leurs hautes connaissances à partir d'un milieu extérieur différent de celui de la terre. Tu auras noté que je n'ai apporté aucune précision sur le ou les "points" de l'univers où ces intelligences supérieures sont parvenues au but. De telles précisions sont *inutiles* et, de plus, elles détournent la pensée du but auquel elle doit rester obstinément attachée pour que le succès soit assuré. D'ailleurs, si je révélais dans quel "monde" le but fut, pour la première fois atteint, cela n'aurait aucune signification pour toi ou pour quiconque de la terre. L'homme ne peut comprendre que les images ayant une similitude avec ce qu'il connaît et le monde dont je parle serait inintelligible pour lui. De plus, en parlant d'un monde ou d'un point de l'univers, je simplifie une connaissance plus complexe, car les supérieurs inconnus ne sont pas d'un monde ni d'un point, mais de *plusieurs*.

« La connaissance suprême acquise par eux devait, pour être utile et valable, épouser la compréhension des mondes auxquels elle était destinée. Il fallait donc qu'elle soit véhiculée en chacun, par des symboles et des idées reconnaissables par ce monde particulier. Je n'ai pas l'intention, dans ce contact aujourd'hui, de te dire comment la tradition primordiale est parvenue à la terre. De nombreuses hypothèses ont été émises et de nombreux ouvrages publiés, montrant la communication de la connaissance au monde qui est le tien, par des messagers venus d'ailleurs. Tu pourras plus tard consacrer une méditation à cette question. En attendant, réfléchis à ceci : des chercheurs signalent d'étranges inscriptions et de curieux dessins représentant des humains semblant revêtus de casques semblables à ceux des astronautes modernes et l'on a supposé qu'il s'agissait d'êtres venus d'autres mondes. *Personne n'a encore émis l'idée qu'ils pouvaient être des hommes de la terre ayant une mission à accomplir "ailleurs"*. Et pourtant ! Bien des civilisations avancées se sont développées sur terre avant de disparaître dans l'oubli !

« Les supérieurs inconnus, ayant atteint le plus haut degré d'évolution et la maîtrise des lois les plus importantes de l'univers, n'avaient par nécessairement à se rendre sur telle ou telle planète pour y transmettre les éléments cosmiques de la tradition universelle. Eux-mêmes pouvaient "se reconnaître", par delà l'espace et le temps, et œuvrer au service de l'univers d'une manière aussi efficace que par des voyages hasardeux. Ainsi, la connaissance de la tradition primordiale fut mise à la portée du continent le plus développé en sagesse humaine et cette connaissance fut, pour la première fois, élaborée pleinement dans la région du monde par la suite connue sous le nom d'Atlantide.

« Mais *auparavant*, déjà des civilisations avaient édifié des formulations de la connaissance. Leur savoir s'était transmis à des civilisations ultérieures et c'est en Atlantide que la connaissance la *plus complète* devait être acquise. Elle était constituée de *tout* l'héritage du passé auquel s'ajoutaient les éléments jusqu'alors absents. La tradition primordiale "intemporelle" entrait ainsi dans le temps. Elle se formulait dans le "langage" de la terre. Elle devenait la tradition primordiale destinée à l'humanité.

« Cette tradition suprême était remise à la garde des plus sages et ces hiérophantes la préservèrent et la transmirent d'âge en âge aux plus dignes de chaque civilisation. Ces plus dignes, peu nombreux, ont accompli leur mission sans interruption et leurs successeurs la remplissent encore de nos jours. Ils sont, comme le furent ceux des âges passés, *les gardiens de la tradition primordiale*. Bien des noms leur ont été attribués par ceux qui savent, mais leur rôle de gardiens est celui qui définit le mieux leur responsabilité. A tes questions, il a donc été répondu.

« Résumons ces notions fondamentales : il y a une tradition primordiale universelle. Elle est la sagesse suprême rendue accessible et compréhensible aux intelligences existant dans le cosmos. Elle revêt, pour chaque monde, un "langage" que ce monde peut reconnaître. La tradition primordiale destinée à l'humanité rend la sagesse suprême accessible aux hommes préparés, dans la forme et les *symboles* qu'ils sont à même de comprendre. Cette tradition primordiale a ses gardiens ; au niveau universel ce sont les *véritables* supérieurs inconnus ; au niveau de la terre, ce sont les *véritables* hiérophantes qui, d'âge en âge, ont accompli leur mission et l'accomplissent encore.

« Je viens de mentionner les *symboles*. Cela t'explique pourquoi est ici, présent avec nous, le *maître des symboles*. La fonction du symbolisme est essentielle dans la tradition... Maintenant, retourne à la terre et médite sur ce que j'ai imprimé en toi pendant ce contact. De longs développements sont inutiles. Tu as reçu les notions les plus fondamentales, les *directions* les plus sûres. A toi de travailler pour toi-même et aux autres pour eux-mêmes. Il est des *états de connaissance* qui ne se communiquent pas et que chacun doit éprouver pour soi. Cependant, reviens en ce lieu de silence le plus tôt possible. Le maître des symboles, à son tour, t'enseignera. Il te transmettra son savoir sur les *voies mystiques et traditionnelles*. Ce sujet est complémentaire de celui qui a fait l'objet de notre communion. J'ai dit ! »

LES VOIES MYSTIQUES ET TRADITIONNELLES

Le sujet de la tradition entraîne la pensée dans un domaine d'intérêt moins immédiat et d'inspiration moins élevée que la plupart des problèmes essentiellement mystiques ou spiritualistes. Mais dans l'état atteint que *symbolise* le maître de la tradition, la question soulevée a provoqué des commentaires bien plus longs et précis que prévus et il est ainsi évident que la tradition, après une telle visualisation, apparaît comme un sujet d'importance. La présence du maître des symboles, c'est-à-dire d'un état intérieur concomitant avec le premier, le prouvait à l'évidence. Enfin, au lieu de définir moi-même l'objet d'un contact ultérieur, celui-ci était catégoriquement ordonné et son propos nettement fixé, au moment même où le précédent s'achevait. J'étais, pour ainsi dire, dans le déroulement de ma visualisation, convoqué par le maître de la tradition à une audience avec le maître des symboles. Autrement dit, un état avait préparé le suivant et celui-ci constituerait un développement des points précédemment abordés.

C'est donc avec une certaine curiosité que je me prépare, cette nuit, à "m'élever" en une nouvelle visualisation. Tout est calme autour de moi et le silence offre à mon être l'asile sûr lui permettant, quelques instants, de libérer mon aspiration à savoir.

A peine ai-je clos les yeux que ma visualisation opère et je suis dans l'immense édifice aux somptueuses colonnes. J'imagine des chants d'une indéfinissable splendeur qui, dans leur rythme inconnu, retentissent sous la voûte d'azur. Une cérémonie a lieu, en ce moment, dans la cathédrale. C'est une période d'apaisement et de réconfort. La musique des sphères produira sur l'assistance son miracle quotidien... Mais je suis attendu. Le maître des symboles est là, seul. Le contact semble devoir être hâté et le maître, qui me paraît aujourd'hui plus sévère, commence brusquement, sur un ton de fermeté qui, au début, me surprend.

« La tradition est étrangère à toute fantaisie. Or, si l'on considère les faits, il faut bien constater que le mot *tradition* est souvent employé à tort. On en use et abuse pour recouvrir des tentatives qui n'ont rien de commun avec ce que la tradition désigne véritablement. Ici même, tu as appris ce que signifie la tradition primordiale. Naturellement, on peut supposer que tout effort ayant en vue la découverte et l'acquisition de la connaissance se rattache indirectement à cette tradition, mais, dans la plupart des cas, le lien est si fragile que le résultat obtenu est une déformation dangereuse de la réalité, avec tout ce que cela comporte en erreurs et en superstitions. Chaque fois que le mot *tradition* est rencontré, la plus grande prudence s'impose donc. Mon propos est de t'apporter quelque lumière sur ce qu'il faut entendre par "voies traditionnelles" et de délimiter ensuite le sens à accorder aux "voies mystiques".

« La tradition primordiale dont il a été question lors de ton plus récent contact est, pour ainsi dire, une *virtualité* par rapport à ce qui est manifesté dans le monde extérieur. Elle est, sans doute, réalité permanente et éternelle, du point de vue cosmique, mais, considérée au niveau de l'homme, elle est *l'idéal* à atteindre et elle reste virtuelle aussi longtemps qu'elle n'a pas d'expression temporelle, celle-ci, au demeurant, ne pouvant être que partielle. La tradition primordiale *semble* devoir éclater en d'innombrables fragments, pour se manifester à l'homme. Du moins, elle lui *apparaît* sous de multiples aspects. Mais la réalité est différente : la *tradition ne se sert d'aucun véhicule et elle ne se manifeste dans aucun.* Je sais que je te surprends. Cependant, la question est d'importance et il est nécessaire que tu lui portes toute ton attention.

« Comprends bien ceci : la connaissance n'appartient pas aux organisations humaines ; elle en est distincte et séparée. Ces organisations, à condition qu'elles soient authentiques et donc valables, sont des voies vers la connaissance, *vers* la tradition primordiale. C'est en ce sens qu'elles sont des organisations traditionnelles. Une erreur, pourtant, est à éviter : les définitions qui viennent d'être établies pourraient amener à penser que tout mouvement créé à quelque moment que ce soit est traditionnel, dès l'instant qu'il envisage une recherche de la tradition. Dans ce cas, les innombrables associations créées sous les noms les plus divers, et parfois *abusivement* sous les noms les plus prestigieux, auraient droit au qualificatif "traditionnel". Il n'en est rien. Dans mes explications, j'ai précisé "à condition qu'elles soient *authentiques*".

« L'authenticité d'une voie traditionnelle repose sur la résonance établie entre elle et la tradition primordiale, et cette résonance est, sinon réalisée, du moins reconnue par les *véritables* supérieurs inconnus dont le maître de la tradition faisait dernièrement état ici.

« Comme gardiens de la sagesse et de la tradition primordiale, ils sont ceux qui ont autorité pour reconnaître ou infirmer la valeur d'une voie traditionnelle, et cela doit être précisé davantage.

« Toute organisation *dite* traditionnelle ne peut être établie sans leur appui initial. En réalité, ce sont eux qui *suggèrent* — et ils ont mille façons de le faire — l'établissement d'un mouvement ayant pour but de conduire, selon une *voie* particulière, à la connaissance. Ils stimulent l'intérêt pour le but à atteindre chez ceux dont la préparation antérieure et la compréhension intuitive, en même temps que les capacités, permettent de supposer qu'ils pourront élaborer une voie efficace. Ils surveillent ensuite, pendant un certain temps, les activités ainsi entreprises et finalement, *si* la direction prise est conforme à ce qui était attendu, ils apportent la *reconnaissance et l'appui* nécessaires à la poursuite de l'œuvre. Dans le cas contraire, ils se détournent de la *voie* sur laquelle ils avaient fondé leurs espoirs et celle-ci, n'ayant plus une raison d'être supérieure, ou bien agonisera lentement avant de s'éteindre à jamais, ou bien poursuivra une existence sans but profond, le vide le plus absolu se dissimulant sous des mots, des titres et même des rites alimentés et maintenus parfois avec la meilleure volonté et dans une intention louable, mais avec, pour seul résultat, l'illusion et la déception.

« En revanche, une voie finalement acceptée après de nombreuses années *ne sera plus jamais rejetée*. Elle connaîtra des transformations, elle évoluera et s'adaptera à des conditions extérieures nouvelles, sans cesser d'être *elle-même* et sans qu'à aucun moment soit rompu le lien puissant qui l'unit à la tradition primordiale. Même les changements qui s'opèrent en elle auront, d'ailleurs, leur origine dans l'impulsion générale donnée par les supérieurs inconnus à *toutes* les voies reconnues, pour qu'elles s'ajustent aux circonstances d'époques plus avancées.

« Tu te demandes certainement, après ces explications, si des voies nouvelles surgissent souvent pour répondre à l'appel supérieur et aux besoins de l'humanité. Si nous nous en tenons strictement à la tradition authentique, la réponse est, catégoriquement, *non* ! En fait, les dernières organisations traditionnelles authentiques ont été formées *au début du vingtième siècle.* A cette époque, les organisations anciennes qui avaient subi avec succès l'épreuve du temps se sont réorganisées et se sont adaptées aux temps nouveaux qui, déjà, se préparaient.

« On peut dire qu'en 1914, à la veille du premier grand cataclysme qui devait s'abattre sur l'humanité et présager un temps nouveau enfanté dans la douleur, *toutes les organisations traditionnelles, valables et reconnues, prévues pour l'ère nouvelle, étaient établies définitivement.* Ce qui, par la suite, pourrait naître en fait d'associations, de mouvements ou d'ordres ayant la tradition pour objectif ne pourrait tenir existence que de ces organisations et ne durer *valablement* que pendant le temps où ces organisations leur apporteraient leur soutien.

« En d'autres termes, les organisations nouvelles *postérieures à 1914*, pour remplir une fonction véritable, devraient être rattachées aux organisations définitivement reconnues avant 1914. Elles ne pourraient, en aucun cas, être liées, ou prétendre l'être, directement à la tradition primordiale ou à quelque origine cosmique. En outre, leur égrégore ne pourrait s'établir qu'à partir de celui de ces organisations antérieures à 1914 et cet égrégore ne pourrait, en aucune façon, se développer indépendamment. Il devrait constamment se maintenir au sein de l'égrégore authentique dont il faisait partie. Si une erreur était, à cet égard, commise par les hommes, l'égrégore nouveau constitué *dans* l'égrégore authentique se dissoudrait inéluctablement et la manifestation extérieure qu'il animait, même si elle poursuivait son action, n'aurait plus alors aucun support authentique et valable, ce qui fait comprendre le danger encouru par elle d'être livrée, par delà les apparences, à une direction incontrôlée et incontrôlable dont le résultat serait *au mieux* l'illusion et le temps perdu.

« Naturellement, depuis 1914, des tentatives de ce genre ont eu lieu fréquemment. Il faut reconnaître que pratiquement *aucune* n'a obtenu le succès escompté, de sorte qu'instruction a été donnée, dans les derniers mois de 1972, de mettre fin à tout ce qui avait pu être entrepris dans le sein des égrégores des organisations définitivement établies avant 1914 au service de l'ère nouvelle, pour susciter des voies annexes qui leur seraient rattachées. Ainsi, dès le début de 1973, une situation en tout point identique à celle d'avant 1914, était établie. Seules les organisations traditionnelles authentiques, valables et reconnues, maintenues, réformées ou resurgi avant 1914, pouvaient, dès lors, prétendre représenter la tradition véritable : le retour aux sources était opéré, pour le plus grand bien de la tradition et de son action efficace au service de l'ère nouvelle.

« L'instruction a dû être exécutée. Cela n'a pas été toujours facile en raison de l'orgueil humain, mais le but a été atteint et, si 1973 a été une année au cours de laquelle vigilance, rigueur et impersonnalité ont été nécessaires pour aider, quelquefois malgré eux, ceux qui pouvaient et devaient l'être, tout est désormais en place pour le service des hommes pendant l'ère nouvelle. Les organisations authentiques et traditionnelles d'avant 1914, celles qu'elles avaient ensuite suscitées et qui se sont maintenant dissoutes dans leur sein, sont engagées dans leur mission historique au service de l'homme, *par la tradition.*

« La véritable tradition primordiale imprègne ces seules organisations. Il est tout à fait évident que des organisations ayant poursuivi leurs activités de manière discrète — voire secrète — telles l'Ordre du Temple — dont l'une des expressions les plus importantes à notre époque est l'Ordre Souverain du Temple Initiatique (O.S.T.I.) — et quelques autres font partie de ces voies traditionnelles, même si elles ne se sont découvertes plus largement au public qu'à une date relativement récente. Le CIRCES n'est pas, de même, un mouvement traditionnel. Il constitue, au sein de l'O.S.T.I. (Ordre Souverain du Temple Initiatique)*, un comité chargé exclusivement d'activités humanistes et caritatives, et son œuvre est largement répandue à travers le monde. Ce qui est à l'extérieur des voies traditionnelles et toutes tentatives nouvelles n'extériorisant pas des activités discrètes ou secrètes antérieures sont des voies parallèles dont je t'entretiendrai plus tard. (Note de l'auteur : les

Le siège mondial de l'Ordre Souverain du Temple Initiatique (O.S.T.I.)
est actuellement situé au :
22, rue Beaunier
75014 PARIS
FRANCE

références à l'O.S.T.I., au CIRCES et à quelques autres mouvements, ont été rédigées à une date récente, à la suite de quelques questions, des visualisations, méditations et réflexions qu'elles ont nécessitées pour répondre à des remarques restrictives marquées parfois — très rarement, il est vrai — d'une certaine forme d'intolérance que rien, dans toutes les explications données dans ce chapitre, ne pouvait ou ne voulait susciter).

« Avant d'approfondir le sujet des voies traditionnelles, j'ai estimé fondamental de t'apporter d'abord les explications dont je viens de faire état. J'ai ainsi limité, dans le temps, l'historique philosophique auquel j'en viens à présent. Même si tu en connais déjà les lignes essentielles, il sera intéressant pour toi de les revoir en des termes peut-être différents.

« Souviens-toi tout d'abord des paroles du maître de la tradition : « La tradition primordiale est l'expression première et *complète* de la sagesse, une explication accessible à l'intelligence et que celle-ci ne peut dépasser. » Or, je t'ai dit, pour ma part, que cette même tradition était une *virtualité*, qu'elle ne se servait d'aucun véhicule et ne se manifestait dans aucun. Tu en déduis peut-être une contradiction, mais il n'en est rien, comme tu vas le comprendre.

« La tradition primordiale est accessible à *l'intelligence* humaine, tout en transcendant le plan humain. Elle n'est pas du domaine mental, mais le mental est un outil permettant de l'atteindre. Etant au-delà de l'humain, la tradition primordiale ne peut, à aucun égard, être incluse, ne serait-ce que par réflexion, dans l'humain. Elle ne peut être circonscrite dans les limites temporelles ou dans quelque support que ce soit. Cependant, elle ne peut être atteinte que si certaines conditions sont remplies et l'intelligence, pour avoir accès à elle, doit suivre une direction définie. A cette direction, on est amené par le *symbole* et l'enchaînement de réflexions intérieures qu'il éveille.

« Les symboles sont *fondamentaux ou relatifs*. Les symboles *fondamentaux* sont peu nombreux ; ils sont formés des figures géométriques essentielles, telles le carré, le cercle ou le triangle, et des nombres. Il y a, en revanche, beaucoup de symboles *relatifs* ; ils sont issus des symboles fondamentaux, mais leur étude découvre des domaines nouveaux et vastes.

« Le travail de l'initié porte sur ces deux formes de symboles, considérés d'abord comme séparés, puis examinés en relation les uns avec les autres, pour parvenir à des conclusions toujours plus étendues. Or, aussi étrange que cela puisse paraître, la manière de considérer les symboles, la portée et la valeur qu'ils revêtent, varient selon les individus. Tout dépend de *l'intérêt* que chacun leur accorde. S'il n'y a aucun intérêt, cela signifie qu'aucune inclination n'est démontrée pour la tradition. La vie est extérieure et, au plus, concernée, pour ce qui dépasse l'existence physique, par la seule préoccupation du salut, tel qu'il est conçu par les formations religieuses, avec naturellement des incidences morales nécessaires à la vie en commun.

« Tout est merveilleusement conçu dans la création universelle et tout y est à sa juste place. Pour le plus grand nombre, le symbolisme revêt une interprétation qu'il soit à même d'admettre dans l'existence telle qu'il la considère et la mène, et cette interprétation dissimule le symbolisme qui lui a conféré vie et vers lequel il n'y a pas, à ce niveau, de compréhension, d'attirance, bien que celle-ci naîtra tôt ou tard, par la suite.

« Dès que jaillit l'intérêt pour le symbolisme, celui-ci n'apparaît pas uniforme chez tous. Il varie en degré et en intensité, avec ceci de particulier : cet intérêt diffère selon le *tempérament* des uns ou des autres, c'est-à-dire selon leurs aspirations. De toute façon, le symbolisme, tout comme la tradition primordiale, est un *moyen* et non une fin. Sciemment ou non, c'est la sagesse suprême qui est recherchée, c'est l'éveil à un autre plan d'existence ou, plus justement, à une vie plus vaste incluant, tout en la dépassant, celle qui était menée jusqu'alors.

« Le symbolisme, bien qu'il soit le fondement de toute tradition et de tout *mysticisme*, peut ainsi ne pas être perçu en lui-même et analysé en conséquence, mais se situer, en quelque sorte, en *retrait* dans la *technique* élaborée, car il s'agit bien de technique, les organisations traditionnelles et authentiques offrant, chacune, celle qui a été développée dans leur sein.

« Ces techniques sont en nombre limité, puisque les organisations valables le sont elles-mêmes, mais ce nombre répond à *l'ensemble* des aspirations pouvant exister dans le monde, ce qui revient à dire que *toutes* les formes de questes traditionnelles trouvent leur réponse complète dans les organisations dont j'ai précisé qu'elles s'étaient établies pour l'ère nouvelle, avant 1914.

« Si quelqu'un actuellement ou dans l'ère du Verseau, aspire à la lumière, c'est donc *uniquement* dans l'une de ces organisations ayant parachevé leur préparation et leur technique avant 1914 qu'il la trouvera. Il faut toutefois se souvenir qu'avant de parvenir à leur forme actuelle, elles ont, dans le cours du temps, subi de nombreuses transformations et revêtu des appellations diverses...

« Une fois de plus, il me semble nécessaire de revenir à la tradition et même à ce que t'a enseigné le maître dans l'entretien que tu as eu avec lui. Tu le sais, les répétitions ne sont pas inutiles. Elles sont une méthode appréciée de tous les instructeurs. *Les mêmes vérités peuvent se transmettre de diverses manières, parfois contradictoires, parfois même opposées.* Le but est d'éveiller et ce but, les contacts cosmiques au niveau de la cathédrale cosmique le favorisent excellemment.

« Le sujet de la tradition est extrêmement attachant et en l'examinant sans cesse d'un point de vue différent, il vient un moment où cette question est éclairée d'une manière telle que l'on n'a plus à y revenir. Tout ce que l'on entend alors de différent s'inscrit parfaitement dans le cadre de ce que l'on a appris, ou s'explique à partir des connaissances acquises. Je voudrais qu'il en soit ainsi pour toi après notre rencontre d'aujourd'hui...

« Toutes les organisations authentiques auxquelles je me suis référé ont donc une source commune. Comme certains auteurs l'ont compris, sans oser parfois l'affirmer, faute de références suffisantes, cette source commune est la tradition primordiale. En ce qui te concerne et en ce qui concerne la plupart de ceux à qui tu feras part de ce message, vous avez déjà eu une information plus ou moins complète sur ce sujet, car il fait généralement partie des premiers éléments livrés à la méditation du nouveau membre par les organisations traditionnelles, même si elles emploient une terminologie différente.

« Il est possible aussi que vous ayez eu, dans ce domaine, accès à des ouvrages destinés au grand public ou encore que vous ayez su ce qu'un auteur comme René Guénon a écrit à ce propos. Mais la plupart des penseurs — et notamment René Guénon — ont présenté une opinion qui leur était propre, parfois proche de la vérité, avec cependant des conclusions et des jugements souvent trop hâtifs, enlevant à ce qu'ils avaient découvert ou pressenti, une bonne partie de sa valeur. En réalité, comme te l'a souligné le maître de la tradition, *tout ce qui est*, à tous les niveaux visibles et invisibles, perceptibles ou non, a une origine, un point de départ commun que nous appellerons *l'unité*. J'aurais pu choisir de nommer cette origine *l'Unique*, mais ce terme est trop restrictif pour notre propos. Cette unité renfermant tout, incluait naturellement aussi la tradition. Celle-ci, au sein de cette source unique, se trouvait à l'état de potentialité, comme tout le reste, et dans le développement de la création — un développement qui ne cessera qu'à l'ultime *retour* — la tradition prit naissance et commença son essor. Autrement dit, la tradition a bien eu son commencement dès l'origine des choses. Elle était virtuellement porteuse de la *connaissance absolue* contenue dans la source et elle vint au monde pour être l'un des moyens offerts à l'humanité pour comprendre l'univers, la création et la raison d'être de l'existence. Elle constituait l'intermédiaire permettant de savoir le commencement et la fin de tout. Elle était la *force* par excellence que l'homme pouvait atteindre *par la pensée* et qu'il pouvait, en quelque sorte, incorporer, mettre en mouvement pour être élevé et parvenir à la compréhension. Cependant, semblable en cela à la création entière, la tradition devait se développer ou, ce qui est plus exact, *l'usage* qui en était fait, la connaissance qu'elle représentait, devaient, par l'effort, être développés dans la pensée humaine.

« Il faut constamment te souvenir de ce que tu as appris et que je te rappelle brièvement : la tradition, émanant de l'unité, n'est pas limitée dans ses possibilités d'expression à la Terre seulement. *Elle existe dans l'univers entier, dans le même état de potentialité.* Les êtres pensants d'autres galaxies ont également accès à cette tradition, même s'ils lui confèrent une expression différente et la définissent autrement, à la mesure de leur compréhension, de leurs besoins et de leur degré d'évolution. Il n'y a donc pas seulement une tradition primordiale. Il y a une *tradition universelle et unique* contenant tous les attributs de sa source première. Cette tradition a un double aspect : celui de *sagesse*, au sens de connaissance intégrale, et celui de savoir qui est la sagesse telle qu'elle peut être, plus ou moins complètement, perçue par l'homme. Tu vois ainsi que le mot tradition désigne *l'absolu de toute la connaissance émanant de l'unité, avec laquelle il est important de noter qu'il n'y a jamais rupture, mais au contraire une merveilleuse continuité.*

« Tout cela étant bien compris, je puis examiner maintenant ce que, *dans sa continuité*, cette tradition devient au niveau de l'humanité. Elle est à la mesure de ce que peut percevoir, concevoir et comprendre l'homme, de sorte que nous entrons ainsi *dans le champ de la diversité.*

« A côté de *la* tradition, il y a, en effet, *les* traditions humaines qui, toutes, sont reliées à la première. Ces traditions sont le résultat de la perception, plus ou moins avancée, plus ou moins bien interprétée et plus ou moins limitée, de la source commune. D'autre part, ce qui, de *la* tradition, est perçu, dépend du besoin de l'humanité en général et, au sein de celle-ci, des minorités dignes et capables de recevoir une lumière plus grande.

« Dans les traditions humaines nées d'une origine toujours unique, on peut distinguer *deux* grands courants : d'une part, un courant très restreint dont le contact avec la tradition une et universelle est plus vaste et complet, d'autre part, un courant plus éloigné de sa source et chargé, par conséquent, de notions et interprétations purement humaines, ayant leur origine dans les circonstances extérieures. Le premier courant — le plus pur — est incorporé, pour ainsi dire, dans les êtres préparés réunis en collectivités appelées, à juste titre, traditionnelles, dont le fondateur, après avoir pénétré ou s'être harmonisé avec *la* tradition, a développé le système capable d'amener ceux qui sont dignes à partager le privilège qui est le sien. Le deuxième courant, dans une certaine mesure, dépend du premier. Il est influencé par lui, mais destiné à une fraction bien plus grande de l'humanité, il revêt un aspect plus aisément assimilable par le grand nombre et tient compte des aspirations et des *motivations* de ceux auxquels il s'adresse.

« Le but de ces deux grands courants est, en dernière analyse, d'amener l'homme à une communion de plus en plus absolue avec la tradition une et universelle et, par elle, avec l'unité d'où tout a émané. Il est clair que pour ceux appartenant au second courant, le passage par le premier, tôt ou tard, au cours des existences, est inévitable. Il faut noter enfin que ces deux courants principaux engendrent eux-mêmes des courants secondaires. Dans le premier cas, il s'agit de "coupures" des troncs principaux constitués par les incorporations valables de *la* tradition. Ces coupures disparaissent cependant après une brève existence — ou bien se rapprochent, d'une manière plus ou moins marquée, du second courant. Il arrive parfois qu'elles rejoignent le tronc dont elles s'étaient séparées. Les séparations du deuxième courant sont encore plus fréquentes et nombreuses. Elles vont de la formation de sectes à partir d'une grande religion jusqu'aux superstitions les plus grossières.

« Je laisserai maintenant de côté le deuxième courant. Il est bien connu et appartient à l'histoire générale de la terre. C'est au premier courant, celui de la *tradition réservée*, que je vais, pour toi, m'intéresser. Compte tenu des explications déjà données lors de ton dernier contact avec la cathédrale cosmique, et aujourd'hui dans celui que tu as avec moi, tu peux comprendre que la tradition une et universelle a pu être atteinte ou, pour mieux saisir ces notions, se manifester tout d'abord en un point quelconque du cosmos d'où une civilisation inconnue et très avancée aurait pu la transmettre à d'autres galaxies et en particulier à la Terre, lorsque celle-ci fut suffisamment développée. C'est à quoi tes réflexions t'ont conduit après l'exposé du maître de la tradition et tu as eu aussi connaissance de l'œuvre des véritables supérieurs inconnus.

« Mais envisage maintenant les mêmes faits autrement et plus simplement encore : la tradition une et universelle, partout potentiellement présente, comme l'unité, a pu et peut partout, dans le cosmos, être captée et prendre la forme convenant le mieux aux êtres à qui elle est destinée. Cette explication est *logique* : le corps physique, le mental dont les hommes disposent sur Terre, ainsi que leurs possibilités de compréhension, sont fonction du *milieu* qui est le leur. "Ailleurs", ce milieu est nécessairement différent, les êtres le sont donc aussi et leur assimilation, leurs représentations sous forme d'images mentales et d'idées le sont également. Ce qui est compris d'eux, ce qui leur est utile peut ne pas l'être pour l'homme et les techniques employées n'offrir aucun intérêt ni moyen d'expression sur le plan terrestre.

« Il est, en conséquence, infiniment plus juste de considérer *simplement* que, sur la Terre même, à une époque extrêmement reculée, un Sage — le premier — eut accès à la tradition une et universelle. Son contact fut si absolu que la connaissance développée par lui changea radicalement les conditions du continent sur lequel il vivait et qui, cependant, avait déjà atteint un point de développement assez élevé pour que vienne, pour lui, le moment d'une civilisation considérablement plus avancée. C'est ainsi que les effets de la tradition reçue par le Sage lui permirent non seulement la formation du *premier* groupe traditionnel humain, mais aussi d'intervenir dans les activités extérieures et de contribuer à faire établir la civilisation la plus importante de tous les temps. Le Sage était *Melchissedech* et le continent *l'Atlantide*. C'est donc en Atlantide que fut pris le contact initial vraiment significatif avec la tradition une et universelle. Jusque-là, n'en avaient été captées que des bribes insignifiantes dont l'interprétation souvent erronée dégénérait rapidement en simples superstitions ou en coutumes morales. La tradition réservée fut alors perpétuée dans *l'Ordre de Melchissedech* auquel, longtemps après, devait encore se référer l'apôtre Paul. Cet Ordre établit des centres partout où cela était possible sur le continent de l'Atlantide et dans ses territoires lointains.

« Lorsque la fin de cette civilisation apparut inexorable, les dirigeants de l'Ordre déplacèrent en Égypte le centre de leurs activités, mais ils occultèrent complètement celles-ci et les réservèrent rigoureusement à ceux seulement qui pouvaient surmonter de difficiles épreuves. Le chef de l'Ordre — le Melchissedech de cette époque — referma ainsi les portails du temple pour ne les faire ouvrir qu'à ceux qui étaient dignes et prêts. Il permit cependant à quelques-uns venus souvent de fort loin pour être initiés et enseignés pendant de longues années, d'établir, revenus chez eux, des écoles perpétuant, d'une manière adaptée, les enseignements reçus. *C'est de cette façon que s'établirent les premières organisations traditionnelles*. Elles prirent, peu à peu, des caractères originaux, certaines se scindèrent en organismes différents et d'autres évoluèrent. Mais toutes gardèrent l'empreinte de leur source première. Quelques-unes, ayant achevé leur mission à une époque particulière, disparurent, pour retrouver plus tard, sous une forme ou sous une autre, vigueur et autorité. L'égrégore qu'elles constituaient se retirait, au moment de leur effacement, au niveau de la tradition une et universelle. Lorsque le temps de resurgir venait — s'il devait venir — l'égrégore créait une aspiration chez un ou plusieurs adeptes des grandes vérités, ouvrant ainsi la voie à une résurgence, et celle-ci réalisée avec succès, il s'incorporait dans l'organisation chargée de poursuivre, *adaptés aux circonstances et aux temps nouveaux*, les idéaux et activités autrefois interrompus. En cas d'échec, un processus semblable recommençait jusqu'à ce que le véhicule approprié soit constitué. Si l'échec n'était pas reconnu par les promoteurs de l'organisation défaillante, celle-ci prenait peu à peu un caractère différent fort éloigné des buts initiaux, et n'ayant aucun support réel, disparaissait ou, tout au long de son existence, restait sans âme, ne réalisant que des objectifs temporels appuyés sur une spiritualité de façade, et cela quels qu'aient été les efforts, la sincérité et la bonne volonté de chercheurs s'abusant eux-mêmes. D'un autre côté, rien n'étant inutile, même ces organismes devenaient — et deviennent encore — une marche vers les portails authentiques, de sorte qu'aucune tentative n'est jamais à blâmer et aucun mouvement ou groupe à critiquer. On peut dire, en tout cas, que le monde entier a été et est couvert de ces émanations de la tradition une et universelle, sous forme d'organisations authentiques et d'autres, celles dont nous venons de parler, qui ne le sont pas, tout en ayant une utilité certaine. Quand, finalement, la direction de l'Ordre choisit de s'installer au Tibet, la mission suprême de l'Ordre de Melchissedech était achevée... »

Le maître des symboles s'interrompt à nouveau quelques instants... Mon contact se prolongera-t-il ou bien aurai-je à consacrer une nouvelle période à ces grandes questions traditionnelles ? C'est au maître d'en décider. Je suis, quant à moi, si captivé par ce qu'il me dévoile que je resterai aussi longtemps qu'il le faut. Mais lui ? Il a clos les yeux quelques instants sans paraître vouloir se lever et mettre ainsi fin à l'entretien. Dans le silence de mon être retentit faiblement l'écho de la musique céleste qui, dans ma cathédrale visualisée, répand sur ceux qui y sont assemblés, réconfort et consolation. Le maître des symboles, soudain, ouvre les yeux et levant la main droite, attire mon attention. Il souhaite poursuivre... Je suis prêt...

« Les faits que je te révèle ne sont pas des articles de foi. Je sais qu'ils représentent la *vérité*, mais tu peux les rejeter, s'ils te semblent invraisemblables. Pense, néanmoins, que le domaine traditionnel est distinct de tous les autres. Tu ne peux, en ce qui le concerne, t'attendre à des preuves sous forme de documents qui seraient, d'ailleurs, contestables, ou d'arguments basés sur le raisonnement. La confirmation de faits de cette nature doit avoir son origine dans une *certitude intérieure* que rien ne peut ébranler. Je te conseille, pour le moment, *d'accepter* sans trop faire intervenir ton mental. Tu t'es sans doute, dans le passé, comme tant d'autres, beaucoup interrogé sur les questions dont je t'ai parlé aujourd'hui. Mes explications doivent, pour toi, devenir *une base de réflexion*. Tu constateras vite qu'elles permettent de comprendre bien des notions, découvertes ou commentaires scientifiques dispersés, réunissant ceux-ci en un faisceau éclatant de lumière. Peut-être as-tu eu, d'autres sources, une instruction sur ce même sujet et sans doute était-elle bonne, la terminologie seulement étant différente. Mais je suis certain, puisque mon objectif a été *d'unifier*, que tu n'as pu avoir, jusqu'ici, des explications montrant qu'à partir de l'unité, il n'y a eu *aucune* coupure ou séparation, mais au contraire une continuité dont la connaissance est à la fois logique et apaisante pour la pensée, car elle élimine toute question ou problème secondaire... Mais reprenons l'exposé des faits.

« De temps à autre, selon des cycles déterminés, une organisation traditionnelle, dans un pays, devait prendre naissance ou resurgir et, véhiculant un égrégore nouveau ou venu du passé, regrouper les bonnes volontés s'exprimant d'une manière éparse à ce moment, à partir de traditions secondaires constituant souvent des résidus d'organisations disparues ou jailli de l'effort de quelque philosophe ou chercheur. Cela ne signifiait pas que tout devait s'effacer devant l'organisation nouvelle. Simplement, celle-ci, directement ou indirectement, influençait ce qui se rattachait aux traditions humaines. Elle devenait le point focal à partir duquel une force particulière était transmise. Chaque organisation authentique a sa valeur propre et sa nécessité originale. La tradition une et universelle n'a jamais, *à aucun moment*, cessé de se développer en traditions humaines par des organisations authentiques. »

J'ose intervenir :

« Maître vénérable, il n'a pas été question des voies mystiques… »

Le maître des symboles sourit :

« *Il n'a* pas *cessé d'en être question* ! Tu sais le sens exact du terme "mysticisme". Tu lui accordes bien davantage que la valeur restrictive qui lui est communément attribuée. Souviens-toi surtout que les organisations authentiques ont leur rôle immense à remplir dans l'ère nouvelle. *Toutes* sont hautement vénérables et dignes d'admiration. Qui a compris la tradition peut comprendre le mysticisme. Si ce mot est refusé, c'est que sa portée véritable n'a pas été mesurée. En tout cas, il doit t'apparaître clairement qu'autant le maître de la tradition que moi-même n'avons pas cessé d'inclure implicitement le mysticisme dans les éclaircissements que nous t'apportons. Tes contacts n'ont pas concerné les *voies*

> mystiques et les *voies* traditionnelles, mais les voies mystiques *et* traditionnelles. Il n'y a entre elles aucune différence... »

Dans les images qui font suite à ma visualisation initiale, je vois maintenant le maître des symboles se lever. Son message est achevé. Il avance vers la porte de son sanctuaire. Je le suis du regard et le "vois" se tourner vers moi et ajouter :

> « J'ai encore à t'entretenir du sujet des "voies parallèles", ne l'oublie pas. Dès ta prochaine harmonisation intérieure, je t'attendrai ! »

Tout ce qui a été imprimé en moi par la communion de ce jour prendra forme un peu plus tard, quand il s'agira de rédiger... et il faudra du temps, beaucoup de temps, pour transmettre, alors que recevoir a été si facile... si bref ! J'ai senti, tout au long de ce contact, que le message était d'une portée inhabituelle. Le "flux" venant à moi était divers, "multiple". Il semblait que les "directions" communiquées étaient parfois divergentes, mais je ne doutais pas que cela était voulu. Il me faudrait rendre cette impression de diversité et de multiplicité. Le sujet traité avait été envisagé de plusieurs points de vue. Ce serait d'arriver, pour moi-même, à une conclusion satisfaisante à partir des précieuses notions qui m'avaient été communiquées et les autres devraient faire de même. Tout ce qui pouvait être utile avait été dit, mais une inspiration ne se perçoit pas seulement. Elle est à travailler, à méditer et chaque point peut faire l'objet d'une méditation particulière.

Comme je voudrais pénétrer mes lecteurs de cette richesse qui est à leur portée par le recueillement en soi-même. Certains obtiennent de remarquables lumières, mais négligent ensuite de s'asseoir à leur table de travail pour permettre à ce qu'ils ont reçu de revêtir la forme de mots. Ah ! S'ils commençaient aussitôt *d'écrire*, comme ils verraient la puissance du contact dont, peut-être, ils n'avaient pas eu conscience ! Ils sauraient ainsi que, dans la *réalité* de leur être, ils avaient *vu et entendu*... Juste après ma méditation, je consulte ma montre... Le message a duré *onze* minutes ! Il faudra plusieurs heures pour le vêtir de mots...

LES VOIES PARALLÈLES

Comme le repli sur le Soi, au-dedans de nous, est simple ! Une visualisation bien conduite suffit et, en ce qui me concerne, la cathédrale alors aussitôt surgit devant la conscience ravie. C'est le silence : tout est serein en moi. Solitude ? Non... Union avec l'immensité, l'absolu, l'innombrable ! Le maître des symboles avait affirmé qu'il m'attendrait. Je l'imagine une fois de plus et à ses côtés, assis, attentif, il accomplit son œuvre de transmetteur et de sage. Il enseigne :

> « Nous voici ensemble pour considérer une question qui complétera ta compréhension de la tradition. Trois rencontres successives auront été consacrées à ce sujet et tu en as déduit, avec raison, que nous lui attachions, *en ce moment*, une importance particulière. Notre dernier entretien a été beaucoup plus long qu'à l'ordinaire. Celui-ci le sera moins, mais il est aussi essentiel et fondamental que les deux précédents. Si tu recueilles tout ce qui t'est ainsi transmis, si, dans les mots et *à travers eux*, tu sais recevoir et *comprendre*, jamais aucun problème ne se posera à toi par la suite. *Ta connaissance sera ta sauvegarde.* Rien ne pourra t'entraîner hors des sentiers de vérité et de lumière. Sûr de ton chemin, tu ne

t'égareras pas dans des voies d'illusion et l'amertume du temps perdu te sera épargnée. Certes, tout a sa raison d'être et il en est ainsi des voies parallèles, mais si celles-ci offrent un intérêt pour ceux qui n'ont pas encore trouvé le chemin de la tradition véritable, elles sont, pour l'adepte, une tentation qui, s'il y succombe, mettra un frein puissant à son évolution. En fait, le qualificatif "parallèle" est mal choisi pour désigner des voies qui n'avancent pas nécessairement dans la même direction que les voies traditionnelles authentiques. Il serait préférable de parler de "voies divergentes", mais je respecterai le vocabulaire établi, même si, comme c'est le cas, il n'est pas approprié.

« Je dirai donc que les voies parallèles ont plusieurs origines, la première étant dans les organisations traditionnelles elles-mêmes. Ayant, pendant un temps plus ou moins long, reçu une formation initiatique valable sans avoir dominé leur *ego* et encore moins l'écueil mortel que constitue *l'orgueil*, certains supposent avoir une mission propre à remplir ou, au mieux, une aide personnelle à apporter et ils s'érigent en maîtres ou fondateurs d'un mouvement de leur cru, se déclarant en mesure d'éveiller les autres aux grandes vérités universelles. Une telle prétention est d'autant plus surprenante que son auteur n'est pas lui-même éveillé à ces vérités et que, n'ayant aucune autorité *réelle* pour assumer l'entreprise qu'il s'est fixée, il ne se situe pas dans le courant de la tradition et dans le prolongement d'aucun égrégore qui pourrait, tout en l'utilisant, suppléer à ses défaillances ou simplement à ses carences. De plus, ayant manqué au plus élémentaire loyalisme et témoigné d'une ingratitude profonde, quiconque donne naissance — ou tout au moins, le tente — à une voie parallèle, rompt tout lien ayant pu exister entre la tradition et lui. Il aura établi un groupe ou organisme dont lui-même s'efforcera d'être l'âme et ce groupe ou organisme ne sera pas mû *du dedans* par une force spirituelle ou mystique ayant son centre dans l'unité universelle. Il sera mû *du dehors* à partir d'un mental individuel qui, aussi développé qu'il soit, ne passera jamais ses propres limites et ne pourra les faire dépasser à personne. Autrement dit, celui qui suivrait le transfuge, pourrait espérer s'élever jusqu'au niveau *mental* de celui-ci et pas au-delà.

« Cette situation, bien entendu, n'est pas reconnue comme telle par le créateur d'une voie parallèle. S'il n'est pas toujours le jouet de ses illusions personnelles, en revanche, il trompe sciemment ou non les autres, en justifiant souvent son action par des explications sans fondement. Généralement, il s'efforcera de rattacher son entreprise à quelque origine authentique du passé. Cela pourra être en utilisant, pour son organisme, une dénomination éteinte, mais ayant conservé quelque prestige, ou encore en recherchant la caution d'un nom illustre ou, au moins, connu et respectable.. Si la caution d'un personnage vivant est impossible, elle sera recherchée dans un passé plus ou moins éloigné et, si cela est possible, "pour faire mieux", la garantie d'un intermédiaire ayant connu le maître disparu ou affirmant avoir reçu son enseignement sera évoquée. D'un autre côté, après un certain temps de tolérance verbale envers les organisations traditionnelles authentiques et surtout envers celle d'où il est issu, le "nouveau maître" appuiera, pour se justifier, sur les différences, sur le rôle privilégié de son mouvement dans le cycle nouveau, sur sa mission exceptionnelle et il élèvera peu à peu jugements et critiques sur la voie traditionnelle qui l'avait accueilli et sur ceux qui en ont la responsabilité. Au cas où il s'agirait de fonder une voie ayant *l'apparence* traditionnelle, le processus suivi serait le même. Seules les explications auraient à s'adapter.

« Les voies parallèles de ce genre peuvent consister en un simple plagiat, la méthode ou l'enseignement étant imité sans aucun scrupule et la fin justifiant les moyens, tous les arguments, les pires et les plus mensongers, seront employés pour tenter d'affermir l'entreprise. Que celle-ci, au départ, ait eu une raison sinon valable, du moins acceptable, ou qu'elle ait été réalisée pour des motifs obscurs, voire sordides, le résultat ne varie pas. Il y aura toujours une feinte tolérance suivie d'une habile campagne de dénigrement contre les voies authentiques, et cela se comprend : un organisme n'ayant pas d'assises *réelles* solides ne peut espérer survivre, *aussi peu que ce soit*, qu'en cherchant à ramener, à son niveau et plus bas, ce qu'il ne peut autrement atteindre. Il est évident que les ignorants seulement pourront être dupes ou encore ceux qui ont quelque intérêt à *paraître* l'être. Ceux qui, avec sincérité, sont sur une voie traditionnelle véritable ne succomberont naturellement jamais à de tels mirages. Devant ce qui est nouveau et récemment à l'œuvre, même si le nom employé a appartenu à la tradition, la prudence est de rigueur et il faut se souvenir de l'habileté déployée, en ce domaine, autant et plus qu'en tout autre. Il est mieux de trop réfléchir que ne pas réfléchir du tout. L'enjeu est considérable, puisque c'est d'évolution qu'il s'agit. L'attrait du nouveau peut être puissant. Celui-ci, souvent, cache l'illusion et l'erreur. La sécurité se trouve dans la tradition véritable et toute tentation sur la voie de la lumière est à dominer...

« Une voie parallèle peut naître aussi, non de la volonté coupable d'une transfuge, mais d'une organisation traditionnelle authentique elle-même. A cela, il peut y avoir plusieurs motifs. La tradition a été, de tout temps, la cible d'attaques sectaires visant à déformer ses buts les plus nobles et ses activités les plus altruistes. L'opposition, d'où qu'elle vienne, n'a jamais reculé devant les moyens les moins scrupuleux pour perpétrer son œuvre destructrice. La tradition reste inébranlable devant la persécution dont elle est parfois l'objet, car elle sait qu'elle est éternelle et inviolable. Cependant, pour éviter que des chercheurs soient trompés ou retardés dans leur queste de lumière, il est nécessaire d'entrouvrir quelque peu les portails, et cela *peut* se faire par un organisme de *préparation* ou, plus largement, *d'information* créé par une organisation traditionnelle particulièrement concernée par une situation d'ensemble. Ce même organisme remplira un rôle complémentaire de protection. Il sera un rempart sur lequel s'écraseront les attaques les plus basses de l'ignorance et du sectarisme. L'organisme ainsi établi sera animé, si je puis dire, par l'égrégore de l'organisation-mère et celle-ci, que son parrainage soit officiel ou discret, fera toujours en sorte qu'il soit compris ou pressenti. Mais si, à quelque moment, elle doit le suspendre, le but ayant été atteint ou l'organisme ayant dévié de ses buts par la faute des hommes — cela arrive ! — elle prendra des dispositions contraires pour *suggérer* que son soutien a été retiré. L'organisme pourra poursuivre ses activités, mais sans liaison aucune avec la tradition véritable.

« Les deux cas dont je viens de parler sont les seuls dans lesquels une voie parallèle prend naissance dans une organisation traditionnelle. Mais il y a, naturellement, d'autres voies parallèles.

« Dès qu'un mouvement se constitue en vue d'étudier des sujets se rattachant de près ou de loin à la tradition, une voie parallèle est créée... »

J'ai fort bien suivi le maître et son exposé a éclairé déjà de nombreux problèmes qui se posaient à moi. Il ne l'a pas toujours fait d'une manière précise et catégorique, mais l'allusion ou la suggestion était, chaque fois, assez claire pour que je comprenne ce qui voulait être transmis. Cependant, une question a jailli en moi depuis le début du message reçu et je ne résiste pas au désir de l'adresser au maître :

« Maître vénérable, pardonne mon interruption... J'éprouve un certain trouble, en ce moment, et tu peux l'apaiser. Pourquoi des voies parallèles, quand existent les voies traditionnelles de l'ésotérisme et les voies générales, publiques, de l'exotérisme ? Pourquoi des voies intermédiaires ? Tout, autrement, serait si simple, si net. »

Le maître n'a pas été surpris de mon interruption. J'ai même le sentiment qu'il l'a lui-même provoquée. Calmement, il reprend :

« En vérité, trop simple et trop net... Si simple et si net qu'il n'y aurait plus de progression, mais *séparation* et, pour employer une expression bien humaine, toutes les chances ne seraient pas offertes à l'homme, dans sa recherche de la vérité ! Les voies parallèles sont un élément nécessaire dans l'ensemble des aides dont l'humanité dispose sur le sentier de sa régénération. Si tu sais considérer, de façon *positive*, ce qui existe dans le monde au service de l'homme en évolution, tu en viendras à la juste conclusion que tout a son utilité, au point qu'un seul élément supprimé déséquilibrerait un ensemble qui, malgré un aspect hétéroclite, est foncièrement harmonieux.

« Entre l'exotérisme et l'ésotérisme se tient une voie intermédiaire, la *seconde marche*, qui est le degré préparatoire à une participation complète aux mystères de la tradition. Cette seconde marche est constituée précisément par les voies parallèles, d'où l'intérêt de celles-ci. Il est, certes, possible de sauter de la première à la troisième marche et beaucoup le font grâce à la force intérieure acquise dans une recherche purement exotérique et à une impulsion née d'une préparation antérieure. Sans la seconde marche, d'autres ne pourraient jamais trouver la direction finale vers l'authentique tradition. Toutefois, comme tu le comprends, revenir de la troisième à la seconde marche serait une *régression*. On ne peut être, à la fois, au-delà des portails et *en deçà*.

« Les voies parallèles sont innombrables. Quelle que soit leur origine, aussi sectaires qu'elles soient et aussi regrettables que puissent être la manière dont sont conduites leurs activités ou les déclarations erronées qu'elles expriment sur elles-mêmes et les autres, ces voies sont, pour certains, une aide incontestable. Il importe peu qu'elles aient choisi d'user de dénominations telles que *fraternité, mouvement, association* ou même *ordre*. Leur rôle est différent de ce qu'elles supposent ou affirment, mais leur existence se justifie. leur action se poursuit plus ou moins longtemps et elles disparaissent, mais pendant le temps de leur activité, certains, à travers elles, seront parvenus à une organisation traditionnelle authentique. Naturellement, elles pourraient être considérées comme un danger pour ceux qui, déjà, ont franchi les portails de la troisième marche, car il est vrai que les voies parallèles exercent un attrait particulier sur celui qui aspire à la lumière. Mais ce danger n'existerait que pour quiconque n'est pas assuré sur le sentier final où il est engagé. Une fois admis dans une voie traditionnelle authentique, il faut savoir repousser les tentations que l'ego et le mental ne cessent de susciter. Il faut éviter tout regard en arrière. Il faut se pénétrer de certitude et se pencher sans cesse sur l'ouvrage entrepris. Alors l'erreur est évitée et la maîtrise renforcée. Celui qui, dans une voie traditionnelle, authentique, se consacre pleinement à l'œuvre qu'il partage ainsi, ne peut commettre l'erreur de régresser ou, du moins, de ralentir sa progression en succombant à quelque mirage. Il est, sans doute, nécessaire que les organisations authentiques pratiquent la *tolérance dans l'indépendance*, mais il est de leur *devoir* de tout mettre en œuvre pour que ceux dont elles ont la charge ne s'écartent pas de leur chemin. L'adage est vrai qui dit : « Il faut mieux prévenir que guérir. », encore que le devoir n'est jamais d'empêcher en s'opposant au libre arbitre de quelqu'un, mais seulement d'informer et de désigner le danger. Comment reconnaître les voies parallèles ? En connaissant d'abord les voies traditionnelles authentiques ayant existé *activement* en 1914 au plus tard. Ce qui est apparu ensuite, apparaît encore ou apparaîtra par la suite, est à rattacher aux voies parallèles. En tout cas, admire la grandeur divine dans les secours offerts à l'homme pour sa régénération dans une évolution progressive vers la lumière. Comme tout est grand dans l'univers de la création, comme tout est admirable, comme tout est amour… Un don perpétuel de l'Unique dans ses œuvres !

« J'en ai terminé et tu disposes de *l'ensemble* des notions utiles à un examen personnel de ces questions fondamentales de tradition et d'authenticité. Tu as des bases suffisantes pour édifier ta propre compréhension, et *d'autres, la leur, pour eux-mêmes.* Jamais il ne faut chercher à convaincre. Transmettre suffit. Toute réflexion, pour être valable et solide, doit être *personnelle.* Elle ne doit pas être partagée. La certitude de l'un peut être doute pour l'autre. L'échange est stérile s'il n'y a pas eu un cheminement identique. Le développement intérieur s'opère dans la rigueur vis-à-vis de soi-même et dans l'indulgence vis-à-vis d'autrui. Comprendre et aimer ! Souviens-toi : comprendre et aimer ! »

Je vois, dans le cours des images nées de ma visualisation, le maître des symboles se lever lentement, s'éloigner et disparaître à ma vue, tandis qu'au même moment, pour employer encore une image, je renais à la terre, le cœur envahi de l'inexprimable joie qu'a dispensé le sanctuaire de sagesse qu'est le Soi…

LES IMPRESSIONS PSYCHIQUES

Il arrive que d'importants sujets soient traités d'une manière que l'on pourrait qualifier de "collective", en ce sens qu'ils ne constituent pas des intuitions particulières dispensées à l'occasion de contacts personnels, mais des "communications" destinées à tous ceux qui, réfléchissant aux mêmes questions, sont à même de les percevoir. Tout est naturellement fonction de la visualisation adoptée. Pour ma part, c'est le mardi, tard dans la nuit, que je puis le mieux établir la résonance intérieure nécessaire pour recevoir cette exceptionnelle instruction. A vrai dire, la lumière est, à chaque instant, à notre disposition, mais comme il faut la percevoir et la transmuer en pensées intelligibles, la période propice est personnelle à chacun. Je ne saurais affirmer si la nuit du mardi convient autant à d'autres qu'à moi-même. Le mieux, pour eux, est d'essayer. En tout cas, si ce jour-là, un quart d'heure avant minuit, ils rentrent en eux-mêmes, il est rare que ce ne soit pas en harmonie avec d'autres unis à la haute présence vibratoire et recevant une leçon de sagesse. Trois mardis consécutifs seront consacrés à d'intéressantes questions complémentaires, mais formant chacune un message complet. Ces questions sont prévues sous les titres suivants :

1) les impressions psychiques
2) expériences mystiques
3) communion cosmique et extase

Ce soir, mardi, l'enseignement du maître concernera donc les *impressions psychiques*. Je ne sais quel maître sera chargé de nous instruire sur les sujets prévus. Il est certain que pendant ces trois semaines, le mardi sera réservé au même instructeur, puisque les messages doivent se compléter les uns les autres. Intuitivement, j'ai le sentiment que nous recevrons, en ces occasions, la lumière du maître bienveillant. J'ai déjà exprimé l'extraordinaire impression que, dans ma visualisation, ce maître produit sur moi. Sa présence matérialise, pour ainsi dire, la bonté. Il communique sa sagesse avec une douceur tellement persuasive qu'elle imprègne tout entier celui qui la reçoit. Le contact achevé, son souvenir s'attache à la pensée — le souvenir du maître qui enseigne et dont la vibration retentit encore en celui qui a communié...

Pour participer à la convocation du mardi, je me prépare toujours avec un soin particulier. Mon repas du soir est encore plus léger que de coutume. Il est suivi d'une lecture édifiante que je recherche dans une œuvre inspirée, dans l'Imitation de Jésus-Christ, dans la Bible ou le Coran ou encore dans quelque Upanishad, c'est-à-dire dans un texte qui me paraît particulièrement convenir à la fin d'une journée active. Puis c'est une méditation silencieuse et ensuite seulement vient le moment de l'harmonisation intérieure et la communion avec le Soi. Je m'imagine donc dans ma "cathédrale" et je "vois" le maître attendu dans sa robe immaculée qui avance vers moi et m'unit à lui. Il *semblera* parler, mais il aura seulement éveillé une connaissance déjà existante, quoique non perçue jusque là. J'éprouve une joie profonde à visualiser ce soir le maître bienveillant. Avec lui, je suis aussitôt en résonance et sa sagesse imprime en moi ce qu'il se propose de révéler. Dans le silence, le maître enseigne et plus rien n'existe — que lui et son message — et je l'imagine s'adressant à beaucoup d'autres en même temps qu'à moi.

« Frères et Sœurs, que la paix soit avec vous, que la paix soit en vous, que la paix se transmette à travers vous ! Votre conscience, quelques instants de votre terre, s'est détournée de vos préoccupations humaines et vous voici, ici, dans une ambiance de silence, de réconfort et d'amour. Il est difficile, je le sais, de se détacher des problèmes de votre monde et d'ignorer les souffrances ou la peine qui souvent vous assaillent. L'homme reconnaît en général qu'au-dessus de lui, sinon en lui, des pouvoirs bénéfiques sont constamment à sa portée. Cependant, lorsque surgit le problème ou la difficulté que ces pouvoirs contribueraient à résoudre, il semble que le mental et les moyens humains seront plus efficaces et la puissance du cosmique est alors négligée. Ce qui est visible, temporel, recueille trop souvent l'adhésion, au détriment d'une aide infiniment plus réelle, mais hélas, non perceptible immédiatement par les sens physiques. Peu d'efforts sont cependant nécessaires. Il suffit d'un peu de volonté pour oublier temporairement les circonstances humaines et, dans une brève communion intérieure, recevoir force et lumière. Or, même des mystiques avancés ont tendance à se fier à leurs efforts physiques et à leur raisonnement plus qu'à la connaissance supramentale. La recherche de celle-ci n'est pas pourtant réservée aux périodes calmes de l'existence. Elle doit être maintenue, quelles que soient les conditions extérieures ou intérieures, et ce qui, déjà, a été recueilli, appris, doit être appliqué et servir dans les périodes difficiles. Si cela n'est pas fait, tout effort vers la lumière et la connaissance est inutile, stérile. Sans doute, l'aide dont on a besoin et que dispensent les contacts cosmiques n'est pas perceptible de la même manière que des paroles d'encouragement ou un geste fraternel, mais elle est d'une efficacité incomparable.

« Il est fondamental, naturellement, d'avoir confiance et d'être aussi patient qu'on le serait dans l'attente d'une aide humaine, une fois les démarches accomplies. D'ailleurs, si l'appel intérieur a été fait, une *impression psychique* peut être perçue, qui sera un premier encouragement. Une telle impression n'est pas absolument nécessaire et elle est quelquefois incomprise. Pour cette raison, le sujet des impressions psychiques revêt une importance particulière pour le mystique, mais il dépasse le seul domaine de l'assistance que l'on peut attendre du cosmique. Nous examinerons donc le sujet d'un point de vue beaucoup plus large. Si quelques-uns d'entre vous veulent ensuite le ramener à la question dont je viens de traiter, ils le pourront aisément, mais ils auront acquis une connaissance dont l'application s'étendra à bien d'autres domaines.

« Le mot *psychique* doit, tout d'abord, être défini. Avec le développement de la psychologie, il a pris un sens très restrictif et il désigne surtout les phases obscures de l'être, celles qui renferment les tendances et caractéristiques psychologiques. Pour le mystique, il a gardé toute sa valeur étymologique : le psychique désigne l'âme, l'élément permanent dans lequel se trouve l'étincelle divine. Le psychique est la partie de l'être qui se réincarne. Nous sommes, avec cette définition, loin des seules caractéristiques psychologiques. Les impressions psychiques sont donc des impressions reçues de l'âme, de la partie la plus subtile en l'homme, de la partie de son être qui est, à jamais, unie à l'âme universelle et au cosmique. Leur importance dans la vie mystique est ainsi évidente. mais que sont ces impressions ? Par *impression*, il ne faut pas entendre une perception nette, complète et immédiatement compréhensible. L'impression psychique peut consister en un sentiment indéfinissable de joie, de paix ou d'exaltation. Le sentiment est éprouvé, sans que la cause en soit connue. Il peut s'agir aussi d'une impression de couleur ou de parfum, d'un bruit, d'une sensation de toucher. En dehors du sentiment intérieur éprouvé qui peut se prolonger, toute impression psychique est extrêmement brève, au point qu'au moment où elle est réalisée par la conscience, elle a déjà disparu...

« Les impressions psychiques sont essentiellement la *conséquence*, le *résultat* d'une expérience de l'âme. La communion cosmique, par exemple, est un état intérieur qu'aucun mot ne peut parfaitement expliquer. La meilleure définition est celle d'un état de plénitude spirituelle. Nous reviendrons plus tard sur ce sujet. Pour l'instant, disons que la communion cosmique aura souvent — pas toujours ! — comme conséquence, quelque impression psychique. Et là, précisément, se trouve l'explication de ces impressions. Il est impossible d'analyser un état intérieur de communion ou de contact cosmique et même de le comprendre ou d'en mesurer la portée, mais chez celui qui en fait l'expérience, il peut susciter des impressions et donner ainsi au mental une certaine conception de ce qui serait autrement hors de toute perception.

« Il est nécessaire que nous examinions de manière plus approfondie ce sujet, car s'il n'est pas bien compris, il est une source de confusion et de découragement chez beaucoup. Je rappellerai donc ce qui est si souvent oublié ou négligé par de nombreux mystiques : *les impression psychiques ne sont pas la conséquence nécessaire des expériences spirituelles. Elles peuvent se produire ou non au cours de ces expériences. A aucun égard, elles ne sont une preuve de leur succès et une expérience peut être parfaitement réussie sans que la moindre impression ait été ressentie.* Des explications à ce propos seront utiles.

« Les moyens de perception à la disposition du corps humain sont les cinq sens. Or, ces sens sont limités et sujets à l'illusion. De plus, le domaine psychique ne leur est pas directement accessible. Pour un contact cosmique, en effet, ou pour tout expérience intérieure ou psychique, les perceptions extérieures doivent être interrompues. Le corps doit faire silence et le résultat sera d'autant plus intense que la communion avec le monde et l'agitation mentale seront réduites. Un transfert de conscience s'opère du dehors vers le dedans, dans toute communion mystique. Ainsi, les sens sont apaisés et le processus mental non pas supprimé, mais ignoré. Il y a prise de conscience à un niveau différent et infiniment plus élevé, du point de vue vibratoire, que le plan sur lequel l'homme s'exprime couramment. Au moment même de l'expérience ou de la communion, *on ne peut dire qu'il y a impression*. L'état intérieur est complet en lui-même. Il consiste en une fusion plus ou moins grande avec un plan d'être subtil. Une impression psychique n'est donc pas reçue, alors que l'expérience est encours. Elle lui est *consécutive*, même si un temps si bref s'est écoulé depuis l'expérience, qu'il *semblerait* y avoir eu simultanéité.

« Il est, de plus, à noter que les impressions psychiques ne surviennent pas nécessairement. Il peut n'y en avoir aucune, et c'est le cas le plus fréquent. *Cela ne signifiera nullement que l'expérience ou la communion tentée a été un échec.* Si aucune impression n'est recueillie, c'est que le retour à la conscience objective et au processus mental a été trop rapide. La période intermédiaire entre le moment de l'expérience et celui de l'état actif retrouvé aura été si brève qu'elle est passée inaperçue et que les impressions éventuelles n'ont pu être notées. Les impressions psychiques *ne sont pas* des perceptions précises complètes dont on peut définir la nature, la signification et la portée. Elles n'apportent pas une connaissance parfaite de l'état atteint au cours d'une expérience ou d'une communion. Elles ne permettent pas de décrire, dans sa plénitude, un état qui, par définition, dépasse toute description et toute compréhension. Cependant, elles sont le résultat *perceptible* d'une expérience se situant sur un plan *imperceptible*. Les impressions psychiques, dans une certaine mesure, sont un reflet tangible de l'état vibratoire auquel a conduit le contact réalisé. On pourrait dire aussi qu'elles sont le *symbole* de cet état, mais un symbole dont la signification reste particulière à chaque mystique, selon son développement et le niveau qu'il a atteint sur le sentier. En outre, les impressions correspondent à la nature et à la réceptivité de chacun. Pour les uns, il s'agira d'un sentiment général de bien-être, de paix, de joie ou d'exaltation. Ce sentiment est d'ailleurs éprouvé plus ou moins intensément par *tous*. Mais, pour d'autres, s'y ajoutera une impression particulière, habituellement reçue par un ou plusieurs sens — couleur, par exemple, ou encore son ou parfum. En réalité, les sens n'interviendront en aucune façon. L'interprétation sera réalisée directement par les centres cervicaux et analysée ensuite comme se rapportant à tel ou tel sens. Toutes ces impressions feront comprendre qu'une expérience a été effectuée, mais si elles n'avaient pas d'autre utilité, leur valeur serait bien insignifiante...

« Il faut toujours noter soigneusement les impressions psychiques que l'on peut ressentir, car elles doivent ensuite servir à une nouvelle expérimentation. Prenons un exemple. Supposons qu'une expérience définie a produit une impression de bleu sur celui qui l'a faite et qu'en même temps une odeur d'encens a semblé se répandre autour de lui. Pour renouveler cette même expérience, l'usage d'encens et la visualisation de la couleur bleue favoriseront le succès. Si une note musicale avait été, la première fois, entendue, il conviendrait de l'inclure dans le processus de *préparation* et de l'entonner. Les impressions psychiques ne doivent pas être considérées comme un privilège dont il faut être reconnaissant et oublier rapidement. Ces impressions sont à étudier, à analyser et, si je puis dire, à exploiter en vue d'autres résultats. *Il est important de n'en pas demander l'explication à d'autres et de n'en pas faire état dans des conversations futiles.* Les impressions psychiques, pour qui apprend à les employer, sont une aide certaine sur le sentier de la connaissance. Elles sont à considérer comme un *apport personnel* qui ne doit pas être livré à tout vent, mais confié, par le mystique, à son journal le plus intime. La *loi du silence*, dans la démarche spirituelle, est fondamentale. Elle s'applique à chaque instant de la vie mystique et à chaque élément de celle-ci, dont les *impressions psychiques*.

« Je l'ai dit et j'y reviens, car la chose est d'importance. Certains mystiques sincères se déclarent souvent découragés parce qu'ils n'obtiennent pas de résultats perceptibles, c'est-à-dire d'impressions psychiques. Tout d'abord, la plupart se trompent en faisant une telle affirmation. Même s'ils ne ressentent pas un état très net, *tous*, dans une expérience ou une communion cosmique, éprouvent une sensation, peut-être générale, peut-être confuse, de paix et de réconfort. Seuls ceux qui restent constamment objectifs et sur un plan de pure analyse mentale ignoreraient même cette sensation, mais la responsabilité leur en incombe. Pour vérifier la valeur d'un principe ou d'une expérience, il est nécessaire de *pratiquer d'abord correctement*. Ce n'est pas "pendant", c'est *ensuite*, l'expérience achevée, que le raisonnement doit intervenir. Autrement, le plan mental n'est à aucun moment dépassé et l'expérience n'est pas conduite comme il se doit. Le mystique serait comparable à une personne qui, voulant apprendre à nager, lirait tous les ouvrages concernant la natation et ferait même les gestes prescrits, *sans jamais se mettre à l'eau*. Mais si l'expérience est réalisée en suivant les principes indiqués, si aucun point n'est négligé, *alors le but est atteint et le résultat obtenu, même s'il n'y a aucune impression psychique particulière.*

« Sans aucun doute, la persévérance dans la pratique et surtout l'observation attentive du processus enseigné amènent, *tôt ou tard*, la perception d'impressions psychiques. On pourrait dire que, de toute façon, ces impressions existent dès l'instant que l'expérience est réalisée comme il se doit et que les principes indiqués ont été suivis, mais elles ne sont pas toujours perçues et, comme je l'ai souligné, cela est dû au fait que le retour à la conscience objective est trop rapide. Dans ce cas, comme conseil, j'inciterai à prolonger la phase du retour. Au début, le résultat pourra ne pas paraître différent. Après un certain temps cependant, des progrès de plus en plus nets seront constatés.

« La question que se poseront certains et à laquelle je répondrai, pour conclure, est celle-ci : si aucune impression psychique n'est retirée des expériences, comment être sûr que l'on progresse vraiment ? Tout d'abord, il est à noter que si nulle impression n'est recueillie pendant le temps que l'on a réservé à l'expérience, bien souvent, après que l'on a repris ses activités extérieures et quelquefois beaucoup plus tard, à un moment de détente ou avant de s'endormir, des impressions se produisent que l'on ne rattache pas à une expérience effectuée et qui, pourtant, le sont. Mais là n'est pas l'essentiel. Le mystique *ne recherche pas le phénomène*. Il s'en méfie, au contraire, car il redoute l'illusion. Il accepte ce qui lui est accordé, mais il ne s'y appesantit pas et n'accorde pas toutes ses pensées à ce qui, de toute façon, est pour lui *relatif* et *secondaire*. Son but est *l'évolution*, un incessant épanouissement intérieur. Il suit fidèlement la technique qui lui est enseignée, sans cesser de contempler le but vers lequel cette technique le conduit. L'expérience la plus émouvante, pour un mystique, n'est pas d'atteindre quelque sommet au cours de son travail mystique. Elle consiste dans les évaluations personnelles qu'il effectue périodiquement, en ce qui se rapporte à sa progression. Il jette un regard sur le chemin parcouru, mesure ce qu'il était et détermine ce qu'il est devenu. C'est alors qu'il se rend compte du *véritable* résultat obtenu par son expérimentation qui, sur le moment, le décevait si souvent. Il acquiert ainsi la certitude que sa persévérance et l'attention fidèle accordée à des expériences qu'il *supposait à tort* sans résultat pour lui, avaient, en réalité, atteint leur but fondamental — sa propre évolution dans la voie de la régénération et de la plénitude spirituelle !

« Notre rencontre s'achève, Frères et Sœurs admis à m'entendre ! Vous étiez ici pour participer à l'enseignement *dispensé au niveau avec lequel vous vous êtes mis en résonance.* Avant de quitter ce lieu de lumière et de paix qu'est votre être intérieur, associez-vous, comme je le ferai moi-même, à tous ceux qui sont ici pour y rechercher la paix, le réconfort ou la solution de quelque problème. Nous nous retrouverons prochainement pour examiner le sujet suivant — celui des *expériences mystiques*. Paix sur vous ! Paix sur la terre ! »

La communion collective que j'ai construite en pensée avec la présence du maître bienveillant a été d'une ampleur inexprimable. Combien de temps a-t-elle duré ? Je ne saurais le préciser et même si je le savais, je ne le dirais pas. Que sont les secondes, les minutes et que seraient les heures dans l'infini du temps et dans le souffle du Réel ! Quelle joie il y aurait à transmettre *l'état* comme les connaissances qu'il insuffle ! Ces connaissances, j'ai tenté de vous les faire partager, mais l'état, vous pouvez l'atteindre…

EXPÉRIENCES MYSTIQUES

Tant et tant d'erreurs sont commises et souvent colportées à propos des impressions psychiques que l'on souhaiterait pouvoir à chacun crier : « Gare ! Ne vous fiez pas aux interprétations d'autrui ! Ne sollicitez pas de conseil pour ce qui est, à ce point, propre à votre vie mystique ! Soyez discrets quant à vos expériences ! Soyez silencieux ! Le vrai sage se tait et jamais ne parle de ses réalisations spirituelles. Seuls, le sot et l'ignorant sont bavards sur des résultats dont ils doutent pour eux-mêmes et dont ils n'affirment la prétendue vérité aux autres que pour tenter de masquer leur regrettable échec ! » Le mysticisme authentique implique la prudence, le respect des autres et de soi-même. Le silence est la garantie d'une démarche assurée sur le sentier de la connaissance. Ce que l'on a reçu doit être partagé, mais *en secret*.

Avoir connu la pensée du maître bienveillant sur les impressions psychiques est, pour moi, un privilège dont je ressens toute l'importance. Savoir que ce soir, mardi, il sera enseigné de précieux principes sur les *expériences mystiques*, est une source de profonde satisfaction, car ce sujet, aussi, est essentiel pour beaucoup. Dans le "message" précédent, de fréquentes allusions ont été faites à ces expériences. Elles seront complétées aujourd'hui par des informations plus précises.

D'autres, en même temps que moi, les recueilleront, mais il m'appartiendra de les transmettre à un grand nombre. Il est donc nécessaire que je me prépare à les recevoir d'abord, avec le plus de netteté possible. Je me plie donc aux règles que je suis dans toute visualisation en vue d'une harmonie intérieure.

Je me suis donc "préparé"... et me voici dans "ma" cathédrale. Je me sens envahi de la vibration du maître et je l'imagine, le visage serein, empreint d'une infinie bonté. J'écoute et, comme la dernière fois, je considère qu'il s'adresse à beaucoup d'autres.

> « Frères et Sœurs, de même que nous avons dû définir ce qu'il faut entendre par *psychisme*, pour bien comprendre le sens des impressions ainsi qualifiées, de même nous expliquerons d'abord ce que désigne le mot *mystique*, avant de l'appliquer aux expériences dont il sera question ce soir, dans mon exposé. Depuis longtemps, ce mot a heureusement perdu la signification erronée que lui attribuait la rumeur publique. Pour elle, le mot mystique était généralement synonyme de mystérieux, de bizarre, d'obscur, voire, dans certains cas, de satanique, et s'il ne faisait pas peur, du moins il impressionnait. Or, mystique, dans son sens étymologique, signifie *"qui est relatif aux mystères"*, ce dernier mot ayant ici le même sens qu'employé en relation avec les "écoles de *mystères*" où était transmise l'initiation traditionnelle. Le mysticisme est donc une recherche de la sagesse, un mode d'existence incluant une participation à la vie universelle dans l'ensemble de ses aspects, sans qu'aucun soit écarté comme pouvant être restrictif ou nuisible à l'expression des autres. C'est ce qui a fait dire que le mystique est à la fois réaliste et idéaliste. Il participe à tous les plans.

« *L'expérience mystique*, cependant, se rapporte à un domaine plus particulier, quoique *infiniment vaste*. Ce domaine est celui du moi intérieur, du Soi, et c'est celui du cosmique. On pourrait donc parler aussi bien *d'expérience spirituelle*, mais cette expression serait moins significative et pourrait prêter à confusion... ou à discussion. Toutes les expériences mystiques reviennent à une prise de conscience dont le degré est naturellement variable, mais don la nature profonde ne change pas. Il est des principes fondamentaux que l'on ne doit jamais négliger pour arriver à une compréhension satisfaisante dans le domaine du mysticisme, et ces principes contribueront à éclairer notre sujet d'aujourd'hui. Ainsi, il faut avoir présent à la pensée que *tout est vibrations* et que la différence existant entre les éléments les plus grossiers de la matière et les expressions les plus subtiles du cosmique est due simplement à leur fréquence vibratoire distincte.

« Dans ce champ *infini* de vibrations, la conscience humaine qui est, au demeurant, elle-même vibration, peut se mouvoir. Il lui est possible de s'harmoniser avec une fréquence choisie et de "connaître" des expériences de différentes natures. Pour toute expérience, qu'elle se situe sur le plan humain ou sur des plans plus élevés, la volonté, *au départ*, intervient. Pour une communication au niveau physique, l'attention volontaire maintient la conscience en direction, par exemple, d'un interlocuteur. Elle la dirigerait, de même, vers d'autres conditions physiques, s'il s'agissait d'examiner quelque objet ou encore d'étudier une circonstance matérielle. *Tout est expérience*, mais dans les cas que nous venons de considérer, cette expérience est soumise aux sens objectifs et au mental.

L'interprétation, même si elle est erronée, est *immédiate*. Elle est fonction de connaissances déjà acquises et humainement vérifiables. Le cerveau est le point central de cette forme d'expériences. Il est la pointe *supérieure* d'un triangle et, vers cette pointe d'où est partie l'impulsion, convergent toutes les impressions qu'aura suscitées cette impulsion.

« Dans les expériences mystiques, les conditions sont inversées. Le cerveau devient la pointe inférieure du triangle. Il y a, de sa part, préparation et appel. Pour recueillir la réponse, la passivité sera ensuite nécessaire. La préparation consiste dans une *mise en condition* du corps physique. Celui-ci doit être amené à une détente aussi grande que possible, afin que toute l'énergie soit rassemblée par le mental dans une visualisation qui sera le premier mouvement vers l'expérience recherchée. La visualisation peut être consciente, mais dans certaines circonstances, voire une odeur, celle de l'encens par exemple, l'état produit généralement par la visualisation surgit sans elle et l'expérience a lieu. Si la visualisation n'a pas été consciente, elle n'en aura pas moins existé. Un stimulus extérieur aura fait "revivre" une condition passée, dans laquelle la visualisation avait eu un rôle et la conscience avait repris un chemin connu vers un plan d'expérience antérieurement atteint.

« L'expérience mystique n'a pas toujours pour objet l'acquisition d'une connaissance précise ou la solution d'une question particulière. Pour ne citer qu'eux, les contacts avec la cathédrale peuvent avoir un objet défini ou bien être entrepris uniquement en vue d'une communion spirituelle ou pour trouver consolation et réconfort. Lors de notre dernière rencontre, nous avons vu ce qui résulte parfois des expériences mystiques en fait d'impressions psychiques. Je ne reviendrai pas sur ce sujet. Par comparaison avec le caractère sublime et immense de l'expérience, les impressions recueillies sont toujours très limitées et très restrictives. Les expériences mystiques sont infiniment plus que le sentiment ou les sensations qu'elles suscitent. La conscience, je l'ai dit, peut atteindre divers degrés ou plans, mais même le plus inférieur, encore que cette désignation ne soit pas appropriée, transcende, au-delà de toute comparaison, le plus haut de ceux qui sont à la portée du mental.

« Aussi surprenant que cela puisse paraître, tout être humain connaît des expériences mystiques. Elles sont aussi nécessaires à son existence que les autres aspects dont celle-ci est faite. Certes, celui qui n'a aucune aspiration spirituelle ne sera pas porté à leur accorder quelque intérêt ou bien, ce qui est plus fréquent, il les envisagera selon des explications que sa propre philosophie lui permet d'accepter.

« Cependant, l'homme est *un* tout, sans cesse au diapason *du* Tout. Qu'il le reconnaisse ou non, il participe à tout et il participe *de* tout. Si ses expériences sur un plan différent sont, par lui, autrement appelées, cela ne change rien à la réalité des faits. Ce qu'il en recueillera s'ajustera à ses conceptions et constituera toujours un élément nouveau dans la direction de ses pensées ou même dans la solution des problèmes plus terre à terre. L'homme qui déclare, en effet, ne pas pouvoir visualiser correctement, visualise chaque jour sans s'en rendre compte. Une aspiration profonde et légitime, un désir sincère créent des conditions de visualisation et des expériences mystiques dont on n'a pas toujours conscience. A l'extrême, un rêve peut être une expérience spirituelle, mais cela devra être examiné en une autre circonstance que celle d'aujourd'hui, car le domaine est vaste et nécessite une longue réflexion.

« En tout cas, je souhaite avoir montré que les expériences mystiques ne sont pas aussi rares que l'on suppose. Il est vrai, cependant, que l'on a beaucoup plus rarement conscience, de manière complète et précise, d'une expérience, mais du point de vue de l'évolution humaine et de l'épanouissement intérieur, cela est sans importance. La valeur d'une expérience mystique réside dans le résultat qu'elle a eu sur la conscience dans son ensemble. Si le champ où celle-ci opère s'est élargi et si, de ce fait, la connaissance intérieure s'est accrue, en même temps que les possibilités de compréhension se développaient, alors l'expression mystique a revêtu tout sa valeur. Si elle ne se limitait qu'à l'observation d'impressions interprétées ensuite, émotivement et avec intervention de l'ego ou d'une imagination incontrôlée, elle n'aurait, du point de vue *humain*, qu'une portée extrêmement limitée. Il faut noter toutefois que cela ne diminuerait nullement sa valeur au niveau de l'âme et que les effets *lointains* n'en seraient pas affectés.

« Les expériences mystiques ne sauraient constituer pour personne un simple passe-temps suscité par la curiosité. Elles ont une importance trop grande dans le cycle d'évolution humaine pour être ainsi ramenée à une distraction passagère. D'un autre côté, on voit publier un grand nombre d'ouvrages de vulgarisation recommandant, dans un impressionnant désordre, des expériences présentées comme étant pratiquées dans de lointains monastères ou par des sages inconnus. Les unes prétendent permettre *"l'ouverture des chakras"*, d'autres *"les voyages en astral"* et d'autres encore la télépathie ou l'acquisition de rares pouvoirs. *Ces expériences sont dangereuses* et certains, hélas, ont eu, en les pratiquant, à souffrir gravement. Leur imprudence et leur manque de réflexion leur auraient fait courir de plus graves dangers, si les perturbations éprouvées aux premiers essais ne les avaient conduits, par peur, à renoncer.

« Pendant très longtemps, les expériences mystiques *valables* n'ont été publiées dans aucun livre et elles n'étaient jamais entreprises sans surveillance. Ce sont les écoles de mystères qui, de tout temps, ont eu la charge et la responsabilité de diriger les chercheurs préparés dans la voie initiatique de l'évolution. Leur technique de formation incluait toujours, *en une progression harmonieuse*, des expériences mystiques destinées à éveiller des facultés généralement endormies en l'homme, et cette technique efficace demeure au sein de grands mouvements mystiques universellement connus, mais depuis un certain nombre d'années, un nombre considérable d'ouvrages ont été publiés sur tous ces sujets et chacun peut, avec un peu d'attention, trouver ce qui peut lui être utile dans une démarche intérieure.

« Les expériences mystiques doivent s'enchaîner si progressivement que le développement réalisé est *continu*, même s'il n'est pas immédiatement perçu et même si une fausse impression de lenteur est favorisée. L'adaptation aux nouvelles conditions intérieures est si harmonieuse qu'il est nécessaire, périodiquement, de jeter un regard sur le passé, pour mesurer le *considérable chemin spirituel* parcouru, et cela surtout si les impression psychiques dont nous avons dernièrement parlé n'ont été que très peu — ou pas du tout — perçues. Le point sur lequel il est nécessaire d'insister est, en tout cas, celui-ci : *les expériences mystiques n'ont de valeur et de sens que si elles ont en vue le développement intérieur et l'évolution spirituelle.*

« Je conclurai en remarquant qu'une expérience mystique *limitée* est une communion *partielle*, en ce sens qu'elle couvre ou atteint un seul degré, un seul niveau, parmi les innombrables degrés et niveaux cosmiques. C'est pourquoi il convient de distinguer les expériences mystiques d'une expériences plus vaste — la *communion cosmique*, à laquelle se rattache *l'extase*. Cela constituera le sujet de mon prochain message. Jusque-là, que la paix divine demeure en vous ! »

C'est brusquement que je suis sorti de ma méditation. Du moins telle a été mon impression. Ces retours "précipités" se produisent parfois. Leur cause est généralement physique — un bruit ou plus simplement un peu de fatigue... Quelques instants, je m'unis aux dernières notes du silence que m'a procuré l'expérience, puis dans la paix souhaitée, je vais à mon bureau et recherche les mots — si imparfaits — dont il faut bien recouvrir l'enseignement, le message.

COMMUNION COSMIQUE ET EXTASE

La communion cosmique est un sujet d'une importance fondamentale. Dans le passé, comme de nos jours, nombreux sont ceux qui ont été profondément attirés par la communion cosmique. Ce sujet comporte un aspect théorique et *pratique*. Aussi, nul ne sera étonné en constatant que, dans son exposé de ce troisième mardi, j'imagine que le maître bienveillant s'adresse tout spécialement à des "cherchants". Il ne pouvait qu'en être ainsi dans ma visualisation de ce soir et dans le contact réalisé. De toute façon, le message reçu n'en concernera pas moins *tous* mes lecteurs.

C'est dans la cathédrale qui reste la base de ma visualisation, que le message sera, à nouveau, donné. Depuis quelques instants, je m'imagine à ma place habituelle, dans l'attente...de lumières et d'une sorte de vibration qui, en un éclair, transmet une plus grande sagesse et qui *semble* retentir en des mots que le maître bienveillant formulerait pour tous et que chacun croirait à lui seul destinés. Tout est calme et tout est paix dans la cathédrale. Écoutons, écoutons... Le maître parle.

« Frères et Sœurs, la communion cosmique est un état de l'être. C'est un envol de l'âme-personnalité vers les plus hauts sommets où l'individualité s'intègre dans la généralité, où le moi devient le Soi, où l'on n'est plus intérieurement un segment du Tout, mais le Tout lui-même, en dehors du temps et de l'espace, dans l'éternité du présent. Pour faciliter votre compréhension, afin que vous puissiez parvenir à plus d'efficacité, dans *l'application* qui est le fondement de toute évolution vraie, vous devez étudier la conscience sous ses divers aspects et c'est ainsi que vous devez en venir à comprendre la conscience objective, la conscience subjective et le subconscient. Grâce à cette distinction, en effet, vous parvenez à une assimilation parfaite de ce grand phénomène qu'est la *conscience*. Mais, de même qu'il n'y a dans tout l'être humain, depuis sa partie la plus subtile jusqu'à sa grossière enveloppe charnelle, qu'une différence dans le taux vibratoire, de même il n'y a, entre les différentes formes de conscience, qu'une différence d'intensité et de degré.

« Aussi longtemps que vous êtes sur le plan physique, votre volonté doit intervenir pour décider du degré de conscience que vous allez adopter. En d'autres termes, pendant vos heures de labeur, au cours de la période que nous pourrions appeler "d'extériorisation", votre conscience se partagera entre la conscience objective et la conscience subjective avec une forte dominance de la première. Sur l'échelle graduée de votre conscience, l'aiguille de votre perception sera au plus bas degré. Le flux supérieur ne cessera pas davantage que les battements de votre cœur que vous n'entendrez même plus, mais il appartiendra, pour vous, à ce moment, au seul domaine de l'inconscient. Cet état est celui de l'homme en général. Quant au mystique, il devient, par son effort sur lui-même, un expert ou, pour employer un terme parfaitement approprié, un "*technicien*". La perception du mystique se déplace constamment du plus bas au plus haut degré de l'échelle de conscience. C'est pourquoi son existence est abondante et profitable. Il est éveillé, il *vit*. Il connaît une communion cosmique permanente et celle-ci conditionne ses efforts, même les plus humains ; sa vie toute entière est un abandon au divin. Il est homme et cependant, son existence est impersonnelle. Il est, aux yeux du monde, un être individualisé, ayant ses goûts, ses habitudes, de visibles imperfections peut-être, mais il est, dans l'univers, un véhicule, un canal qu'empruntera la force divine pour s'exprimer et se manifester.

« La communion cosmique a, certes, ses propres degrés. La communion permanente du mystique est à peine perçue par celui-ci. Elle est comme le bonheur auquel on s'habitue pour n'en prendre conscience qu'au moment où il cesse, même temporairement. C'est pourquoi les périodes de méditation sont d'une importance si considérable. C'est pourquoi un lieu approprié à sa méditation est si nécessaire. Pendant un moment, il peut ainsi non pas, naturellement, briser l'harmonie intérieure pour se rendre compte qu'il la possédait bien auparavant, mais accroître sa perception consciente de cette harmonie, lui donner un instant plus d'intensité et de force, afin de connaître un ineffable contact de paix et pressentir ce que peut être la récompense d'une vie consacrée. Communier avec le Soi, c'est, pour la goutte d'eau que vous êtes, se fondre dans l'océan universel. Ce n'est pas solliciter quelque chose, c'est encore moins murmurer des mots qui n'ont de sens que pour votre moi objectif et limité ; c'est s'abandonner, se livrer tout entier au Tout, sans aucun effort, qu'il soit mental ou autre.

« Peu importe votre attitude physique, peu importe que vous soyez debout, assis ou couchés ; il suffit de se trouver dans une position telle que le corps ne soit plus un sujet de gêne, de préoccupation ou de distraction et que le mental fasse silence. *L'âme alors, peut se révéler telle qu'elle apparaît au cosmique.* Elle peut se laisser absorber dans le Tout et participer quelques instants à la vie de l'univers. Quelles impressions retire-t-on de cette communion cosmique ? Comment pourrait-on, dans l'imperfection des mots, incorporer l'inexprimable ? Il est impossible de faire simplement soupçonner la grandeur, la beauté, le *caractère unique* d'une telle communion. Pour la comprendre, il faut en faire l'expérience. Peut-être, au fond, est-il mieux qu'il en soit ainsi. Un tel trésor ne s'expose pas à la curiosité publique. Le contempler reste un privilège, mais ce privilège est offert à tout homme et tout homme, s'il le désire, peut y participer. La communion cosmique est la récompense constante de quiconque aspire à la Sagesse et œuvre en ce sens.

« Mais une faveur quelconque, même si elle est méritée, doit être partagée avec autrui. Les bienfaits de la communion cosmique ne peuvent être l'apanage d'un seul ou de quelques-uns. L'absorption dans le Tout, un contact conscient ou non avec la force suprême universelle, à laquelle vous participez en tant que créatures pensantes, régénère vos facultés, rétablit l'harmonie en vous-mêmes, élargit votre vision des choses et purifie vos différents véhicules. Cette épuration doit toujours être considérée comme une *préparation*. Elle est le stade qui précède l'action proprement dite. Cette action, c'est le service de Dieu, et l'essence du service de Dieu, pour vous, les hommes, c'est le *service d'autrui*.

« Devenu, par la communion cosmique et ses conséquences visibles et invisibles en lui, le canal consacré, l'homme doit faire intervenir sa volonté pour transmuer la force et la mettre au niveau de ceux qu'il doit aider. Sa sensibilité doit lui permettre de tenir compte des différents éléments psychologiques des autres personnalités. Il lui est alors facile d'ouvrir chez autrui la voie à cette force qu'il porte en lui et qu'il se doit de *partager*. Une fraction de seconde consciente dans l'éternité a donc des conséquences incalculables pour un être humain et pour les autres hommes. Par le fait que tout ce qui est en bas est comme ce qui est en haut et que l'inverse est une vérité évidente, quiconque se livre à la communion cosmique contribue également à recharger vibratoirement l'aura du monde et à donner aux forces constructives du cosmos plus de vigueur et d'efficacité. *C'est le miracle de l'unité.* C'est ce qui permet de comprendre la portée d'une simple pensée. C'est ce qui justifie la parole sacrée : *« Il ne tombe pas un seul cheveu de votre tête sans que le Père en soit informé. »*

« Qu'importe si votre communion cosmique ne s'accompagne pas d'impressions visuelles, auditives ou autres ! Cela n'intéresserait que le *moi objectif* et serait, au plus, un encouragement dont la sincérité vraie, dans la recherche entreprise, n'a guère besoin.

« Voyez la fourmi ! Elle pousse devant elle des charges ayant plusieurs fois sa taille, elle amasse des trésors de nourriture, elle augmente ses réserves de toutes natures. Pour elle ? Assurément pas. Sa vie de fourmi est trop brève pour lui laisser le temps d'user de telles richesses. C'est pour *l'avenir* qu'elle œuvre, c'est pour *autrui*, pour ceux qui, un jour, prendront sa suite, avec le même intérêt qu'elle et dans le même but.

Votre travail spirituel ne doit pas consister en de fausses satisfactions, mais uniquement dans la *satisfaction du devoir accompli* et ce devoir est de chaque jour, de chaque seconde. Il ne suffit pas d'y penser, il est impératif de le *vivre*, et c'est ainsi que vous acquerrez la *clef* de la vie divine dont la communion cosmique est l'élément fondamental. Que, par la communion cosmique, vous puissiez pénétrer quelques instants les secrets des archives akashiques ou bien œuvrer de telle ou telle manière déterminée, dans tel ou tel sens, voilà qui, en dernière analyse, ne dépend de vous que d'une façon tout à fait limitée. C'est là affaire du moment. Le jugement peut induire l'homme en erreur ; il peut penser à des solutions erronées dans leurs conséquences, si elles ne le sont pas dans leur conception immédiate. À l'échelon suprême, celui du Divin, et dans le déroulement du plan infini des choses, l'action et le résultat ont pour assise la *vérité première*. Ils constituent la phase positive dont nos conceptions sont l'expression négative. Il ne faut jamais inverser les rôles. Par rapport à Dieu, vous devez devenir des *exécutants* et c'est le moyen le plus efficace pour sortir du labyrinthe de l'erreur. Dès lors, dans la communion cosmique, *laissez l'initiative à Dieu*. Tout en vous-mêmes, y compris la possibilité du choix dont vous aurez ensuite la responsabilité, doit avoir pour dessein la volonté de Dieu afin de l'accomplir. Souvenez-vous que la loi suprême de l'homme est de le servir. L'exécution des ordres du Créateur ne peut s'agrémenter des murmures ou palabres dont on est si coutumier dans le monde des affaires humaines.

« La communion cosmique consciente demeure un privilège. Lorsque l'étudiant est prêt, le maître apparaît. Lorsque vous avez atteint le stade de préparation voulue, vous vous devez à vous-mêmes, vous devez à tous les autres de travailler avec persévérance, courage et fidélité. Vous vous rendrez compte ainsi de votre degré de communion cosmique et vous vous élèverez peu à peu vers les hauteurs infinies d'une communion consciente. Vous connaîtrez des instants *d'extase*, où tout votre être participera à l'expérience sublime d'une fusion temporaire dans la conscience du tout. Comment accéder d'une façon particulière à cet état, comment faire l'expérience de la communion cosmique au sens le plus général de cette expression ? Par une vie de consécration, de service et de dévouement à autrui.

« Oubliez de solliciter, apprenez à rendre grâces. Sachez remercier, non pas en paroles, mais avec tout votre être. Il suffit, pour éprouver cet élan de l'âme, d'écarter quelques soucis, aussi préoccupants qu'ils soient, et de considérer les bienfaits auxquels vous participez et que trop souvent l'habitude vous fait regarder comme un droit, pour autant que vous les voyez encore. Alors s'ouvriront devant vous les portails de l'éternité *où déjà vous êtes* et vous connaîtrez à jamais l'ineffable bonheur de la conscience cosmique, de l'extase, et le flux apaisant de la paix profonde. J'ai dit ! »

Le maître bienveillant, maintenant, se retire. Je ne l'imagine pas fixant de nouvelles rencontres avec lui. Ayant traité les trois sujets qu'il avait prévu et l'ayant fait de la manière qu'il avait choisie, c'est-à-dire bien souvent en suggérant les idées plutôt qu'en formulant des concepts rigides, il n'a pas annoncé les questions dont il entretiendra plus tard ceux qui viendront à lui.

Mais le maître bienveillant *symbolise* un niveau de conscience où il est, à tout moment, possible de le rejoindre. D'autres que moi l'y rencontreront et trouveront joie et inspiration à son contact. Pour ma part, c'est souvent que je "m'élève" à ce degré qu'il personnifie, car c'est là que jaillissent les réponses aux questions les plus graves que je me pose. J'aurai donc l'opportunité de revoir le maître bienveillant.

L'INITIATION MYSTIQUE

Le mysticisme n'a rien d'anormal. Il est, au contraire, par excellence, l'état de l'homme *équilibré* apprenant à bénéficier progressivement de toutes les facultés dont il dispose et qui, pour la plupart, sont simplement latentes chez l'individu moyen. L'initiation, de son côté, n'est pas davantage un processus étrange ou mystérieux n'ayant aucun lien avec ce que l'on appelle communément les "réalités de l'existence". L'initiation, comme le mysticisme, est intimement liée à la vie et à ses multiples composantes. Elle agit à partir des circonstances qui entourent l'homme et *à partir de* l'homme lui-même, pour créer des conditions nouvelles, plus vastes et plus élevées où l'initié se retrouvera, non pas différent de ce qu'il était, mais doué de possibilités plus étendues et ayant à sa disposition un champ de connaissance et d'expérience infiniment agrandi ; le domaine de sa conscience se sera élargi, ouvrant à sa recherche et à son activité, des horizons qui autrement lui seraient restés inconnus.

L'initiation mystique, cependant, n'est pas formée seulement d'une ou plusieurs cérémonies ayant pour but de "faire passer dans le domaine de la raison le but à atteindre" et de reconnaître qu'un certain stade ou degré a été atteint dans la voie choisie : elle est un *processus d'ensemble* dans lequel chaque élément est à sa place. Elle inclut donc aussi bien les rites et cérémonies proprement dits que l'enseignement dispensé et les expériences proposées. En un mot, elle est une *technique*.

Pour obtenir, sur l'initiation mystique ainsi envisagée, les éclaircissements, à mon avis, les plus autorisés, j'avais, il y a quelques années, longuement médité sur ce sujet. J'ai depuis tenté d'autres "communions" sur le même sujet et, curieusement, les résultats n'ont jamais varié sur l'essentiel, et ils n'ont que très peu différé des précédents sur les questions annexes. Il ne me semble pas nécessaire de relater les circonstances de ma méditation d'aujourd'hui. Elle a été comme toutes les autres et j'ai, une fois de plus, entendu le maître.

> « Une loi inéluctable exige que l'homme, avec une obstination qui n'exclut ni la prudence ni la vigilance, tienne compte, autant pour lui-même que pour ses activités extérieures, des progrès de la civilisation matérielle. L'humanité, en transformant son propre milieu, se contraint elle-même à s'ajuster à ce milieu. Tous les mouvements mystiques, traditionnels, culturels ou spirituels ne sont pas exempts d'une telle obligation. Ils doivent s'y soumettre ou lentement périr. Dans le temps et l'espace, ils sont sujets aux lois du temps et de l'espace et il leur faut tenir compte des conditions nouvelles, faute de quoi ils seront étouffés par l'ambiance différente dans laquelle s'exercent, qu'ils le veuillent ou non, leurs activités. »

« — Maître vénérable, une question se pose alors : l'initiation mystique peut-elle vraiment évoluer avec le temps ? »

> « — Assurément pas ! Si le processus *opératif* doit toujours être adapté à un monde en progrès, la *technique*

initiatique proprement dite reste naturellement *à jamais* semblable à elle-même, car l'initiation est intangible à toutes les époques et sous toutes les latitudes. A titre d'analogie, si, dans la manière de se coiffer ou de se vêtir, l'homme actuel n'est plus l'homme des siècles passés, ses réactions psychologiques et psychiques n'ont pas changé et ne changeront jamais. À toutes les époques, même avec des stimuli différents, il connaîtra la joie et la douleur, l'audace et la crainte, etc. Si cela est vrai du point de vue des émotions, cela est encore plus vrai sur le plan de l'évolution et de l'extension de la conscience, ce qui revient à dire qu'une technique initiatique prouvée et reconnue valable, il y a des siècles, restera toujours efficace, quels que soient le temps et le lieu... »

Une nouvelle fois, j'ose interrompre le maître :

« — Il semble qu'il y ait encore, de la part de beaucoup, une grande incompréhension en ce qui concerne précisément les techniques de formation et d'initiation de grands mouvements. »

Le maître approuve de la tête et reprend :

« — Cela est vrai de l'initiation mystique en général. Certains mettent trop l'accent sur la seule phase intellectuelle qui, sur le sentier mystique, est *secondaire*, car si elle est utile, elle est loin d'être suffisante. Il ne faut pas chercher à enrichir le seul mental. Bien au contraire, tout doit tendre à la *maîtrise de l'intellect* et certes, on ne maîtrise pas ce dont on demeure, de quelque façon, l'esclave. Un enseignement vrai ne se veut jamais spéculatif. Il n'argumente ni ne raisonne, au sens fondamental de ces termes. Son intention est, au contraire, *d'apaiser l'intellect* en répondant à ses questions essentielles, en établissant un *cadre général* de compréhension totale, dans lequel, par la suite, tous les éléments prendront aisément place au fur et à mesure qu'ils se présenteront. Assurément, un tel enseignement est complet, en ce sens que, procurant des bases solides et permanentes, il offre, par voie de conséquence, un fondement sûr et définitif à toute argumentation possible, même si, comme je l'ai rappelé, tel n'est, à aucun égard, son dessein.

« Il va sans dire que tous ne sont pas disposés au même moment à accepter l'ensemble d'un tel enseignement et certains, malheureusement, se supposant *contraints* de le faire, interrompent d'eux-mêmes leur progression spirituelle. Ils oublient qu'en tant qu'homme spirituel, comme Saint Paul appelle le "cherchant", des outils lui sont remis. C'est à lui, de sa propre volonté, de bâtir ensuite sa demeure et d'utiliser les précieux outils qui lui sont confiés. S'il construit mal, s'il emploie à mauvais escient les outils, il ne doit s'en prendre qu'à lui-même, encore que la hiérarchie est là pour, éventuellement, le guider et le conseiller, s'il en exprime le désir. Seuls, de mauvais ouvriers tenteraient de justifier leur inefficience en accusant leurs outils... »

Le maître a répondu à des questions fondamentales et j'en suis réconforté. Mais l'initiation mystique proprement dite ne pourrait-elle être davantage expliquée par lui ? Après être resté silencieux un instant, sans doute pour comprendre ce qui se passait en moi, le maître — comment pouvais-je douter qu'il ne lirait pas en moi ? — poursuit lentement.

« L'intellect apaisé — et non surchargé — l'autre phase de la technique prend toute sa valeur et son efficacité. Elle doit consister en un ensemble *d'exercices spirituels* qui se complètent les uns les autres, dans un enchaînement progressif particulièrement étudié. Un perpétuel voyage sur des plans de plus en plus supérieurs, dans une progression en spirale, amène à la plus parfaite réalisation de soi-même, c'est-à-dire, en dernière analyse, à une fusion à jamais consciente dans le Tout où il se meut. Pour exprimer cela d'une autre façon, je dirai que le résultat est la perte de la personnalité et non de la conscience individuelle. *C'est une purification qui rend les véhicules de l'être propres à servir de canal. C'est l'abandon conscient à la vérité suprême qui attend l'heure de s'exprimer.* On se rend compte alors combien l'intellect peut être l'obstacle, s'il garde la suprématie, mais on voit aussi qu'il peut devenir *l'instrument d'expression* de ce qui le dépasse. Il ne doit donc pas être négligé ; il doit être formé, éduqué, maîtrisé pour devenir le véhicule premier, l'instrument fondamental, le transmetteur fidèle du bas vers le haut et du haut vers le bas. C'est à cela que doivent viser certaines expériences. D'autres doivent a voir des buts plus précis encore et l'ensemble forme une *technique d'éveil*, grâce à laquelle l'être *tout entier* — physique, émotif et spirituel — est en action par ses diverses facultés et ses attributs peu à peu tirés de leur état latent, pour une action harmonieuse et efficace.

« La technique initiatique comporte donc une double phase — apaisement de l'intellect, d'une part, "ouverture de l'être" par la discipline d'exercices spirituels, d'autre part, et cela dans un contact permanent avec le monde manifesté, car il est précisément le creuset d'où doit jaillir le rubis de l'achèvement mystique.

« Assurément, dans une telle démarche initiatique, les moyens psychologiques, spirituels et mystiques doivent être employés pour que le succès de l'entreprise soit assuré et la technique rosicrucienne, par exemple, ne manque pas de les inclure tous d'une manière harmonieuse et, par conséquent, effective. Le corps physique et ses attributs doivent passer de l'état de maîtres à celui d'outils au service du moi réel. Il leur sera laissé la domination sur ce qui appartient, de droit, de par la création, à leur domaine, mais cette domination sera éclairée du jour nouveau de la grande compréhension acquise.

« Pour parvenir à ce but et faire, pour ainsi dire, “lâcher prise” au véhicule physique, il faut, dès le départ, “charmer” le corps et son envahissement mental. Il faut, de toutes les façons possibles, le discipliner, le domestiquer et, autant que faire se peut, sans qu'il se cabre jamais ou tout au moins sans qu'il le fasse avant que, le “dressage” étant assez avancé, il soit possible d'interrompre sa rébellion et de le ramener rapidement à plus de souplesse. C'est le but poursuivi par les cérémonies et les rituels traditionnels qui sont un aspect de l'initiation mystique. Les décors, les gestes et les attitudes créent le climat, le “conditionnement” nécessaires, et la conscience libérée accède à des horizons infinis où elle baigne dans une lumière et une puissance dont tout l'être bénéficie ensuite pour son activité sur tous les plans, *y compris* le plan physique. Tels sont les enseignements les plus utiles que je puisse te transmettre au sujet de *l'initiation mystique*. À toi maintenant revient le devoir de réfléchir à ce qui t'a été appris et de l'appliquer aux questions plus particulières qui pourraient concerner ta queste personnelle. Va, mon frère, et médite. Il n'est pas de problème qui n'ait sa solution… »

Après cette harmonisation intérieure, ayant retrouvé le monde et ses activités, j'ai longuement réfléchi encore sur ces mêmes sujets. Les alchimistes d'autrefois passaient leur temps entre leur laboratoire et leur oratoire. Au cours des âges, dans bien des tribus primitives, dans bien des clans, sur toute la surface de la terre, pendant des siècles, chaque famille entretenait son "sanctuaire privé" et nulle part, cette coutume n'a complètement disparu. Depuis le culte des pénates, chez les Anciens, à l'autel des gitans actuels, on voit les hommes poussés, par leur foi et leurs aspirations, à maintenir chez eux une place "sacrée". En Afrique, en Extrême-Orient et dans nombre d'autres contrées de notre globe, avoir chez soi un sanctuaire, petit ou grand, réservé à l'adoration est une habitude, voire une obligation.

Il est peut-être curieux de constater que c'est uniquement dans les pays qui se disent les plus christianisés, particulièrement les pays latins, que cette noble coutume a eu tendance à disparaître, encore que les images religieuses, les statues et bien des éléments frisant la superstition, que l'on voit ici et là chez certains fidèles d'une stricte orthodoxie, peuvent être considérés comme une forme dégénérée de sanctuaire. La disparition presque totale du "coin sacré", dans beaucoup de nos familles occidentales, s'explique par le fait que la maison commune du culte a pris le pas sur la méditation privée. Il y a, chez beaucoup, une forte tendance à l'extériorisation de la foi. L'instinct grégaire incline à considérer que le culte extérieur est plus important que l'intime recherche du royaume des cieux qui, cependant, est *en nous*. L'introspection, hélas, pour le plus grand nombre, consiste seulement en la mélancolique contemplation de problèmes bien matériels et humains !

Examinons, en relation avec le sujet de ce chapitre, la notion d'oratoire que certains, sous diverses appellations, estiment à juste titre qu'il est un élément de leur vie spirituelle.

L'oratoire est à considérer comme un petit laboratoire, reflet du plus grand qu'est le monde. C'est le lieu réservé, consacré où l'on vient méditer. Au moment où l'on pénètre dans cette pièce, il se produit une réaction sur les différents plans de l'être — une réaction physiologique, d'abord : l'attitude devient de circonstance, les gestes prennent davantage de solennité, l'état nerveux s'apaise. Une réaction émotive, ensuite : les instants passés en ces lieux seront "différents" ; celui qui y entre va communier avec lui-même. Il va se préoccuper de l'éternité qui est en lui. Ces effets physiologiques et émotifs sont, en réalité, les deux phases d'une même réaction. Elles s'interpénètrent et, par le seul jeu de la volonté initiale, de la pensée consécratrice du lieu, à l'origine, elles *conditionnent* l'être temporel. Il devient, dans une certaine mesure, passif et réceptif dès le départ. Tout est prêt pour l'écoute du moi profond, sans cesse en éveil, qui n'attend que cette occasion pour s'exprimer. Le travail alors peut porter ses fruits et l'adoration (au sens de communion avec le divin en nous) peut prendre place.

Quelques minutes passées, chaque jour, dans l'oratoire font plus pour l'existence même matérielle que de longues lectures ou un raisonnement prolongé. Bien des questions d'ordre profane sont ensuite résolues efficacement, alors que le recueillement ne les concernait même pas, initialement. Toute méditation dans une telle ambiance renferme une puissance de dynamisme considérable. Une force concentrée s'acquiert, sur laquelle puisera, même inconsciemment, l'être objectif pendant ses activités extérieures.

La valeur de l'oratoire apparaît rapidement à quiconque comprend que ce lieu est rendu sacré *par sa destination*. Ce qu'il peut représenter est fonction de celui qui l'utilise. Il n'y a pas, en fait, une forme d'oratoire. Certes, tous comprennent un ornement fondamental qui se réduit généralement à peu de chose. Ce sont les éléments formant, pour celui qui l'a disposé, un *symbolisme* générateur de lumière. Il forme le cadre d'une *"réflexion"* profonde. Ce qu'il symbolise prend toute sa force et sa vigueur à mesure que l'on s'ouvre à l'horizon de notre vaste nature intérieure. Cet ornement n'est *rien* en lui-même, il devient beaucoup par ce qu'il représente. Tous les "décors" sont laissés au choix de chacun, et chacun crée son ambiance — l'ambiance la plus appropriée à son étude et à son développement intérieur — et c'est en cela qu'un oratoire diffère d'un autre. Si les uns aiment le dépouillement, d'autres ont besoin d'un certain décorum. Il y a, en quelque sorte, en cela, projection à l'extérieur de soi, des conditions dans lesquelles l'être peut se complaire et ainsi s'établissent la réceptivité et la base d'une *communion véritable*, car le mental n'a plus à faire d'effort créateur pour ce travail particulier, puisque ce dont il a besoin pour son propre apaisement est déjà créé.

Telles sont les remarques fondamentales que peut inspirer la notion d'oratoire. Je dis bien "fondamentales", car il y en a d'autres, diverses, multiples, que l'expérience personnelle permet, seule, de reconnaître. L'oratoire lui-même peut-être l'objet de méditations *fructueuses*, non pas au niveau du raisonnement, mais sur celui de la compréhension intérieure et de la conscience. Il est, *en lui-même*, un profond symbole. Il demeure, en somme, l'atelier où, par son travail et sa persévérance, l'on peut affiner notre œuvre de travail sur nous-mêmes pour le service des autres.

En fait, c'est bien notre attitude physique et spirituelle qui donne à un lieu quelconque son caractère particulier. La plus belle cathédrale du monde ne représentera jamais qu'un monument artistique pour l'incroyant et, s'il la visite, l'idée de recueillement ne l'effleurera même pas. En revanche, pour le fidèle, elle symbolisera une conquête de la foi et l'intense désir de prier le saisira dès le seuil. La pensée et la conduite particulière du croyant consacrent donc la maison du culte plus que la cérémonie initiale de consécration.

Nous avons examiné les aspects les plus essentiels de l'initiation mystique. À travers leur complexité apparaît l'unité de but et d'intention. À l'arrière du décor se tient la lumière que *l'initiation mystique* révélera dans toute sa puissance. Mais cette initiation inclut aussi les riches expériences rencontrées dans l'harmonisation intérieure. Qui ne rechercherait pas à en partager les bienfaits ?

LA PRIÈRE

Faut-il prier ? Cette question, le mystique se la pose souvent et il la pose à ceux auprès de qui il sait — ou pense — trouver de bons conseils. La prière, il est vrai, a été longtemps rattachée à des formes religieuses si strictes et dogmatiques que beaucoup s'en sont éloignés, n'en comprenant pas la nécessité et pour le moins, doutant de son efficacité. De plus, les explications données sur Dieu, d'abord juge sévère et vengeur, puis père, il faut bien le dire, rigide, même dans sa bonté, contredisaient de manière si brutale les formules proposées, que la prière apparaissait surtout comme une *supplication* mêlée de crainte. Dans l'oraison dominicale au "père qui est dans les cieux", le souhait "que Ta volonté soit faite !" recouvrait une triste résignation, comme si le Dieu d'infinie *bonté*, dont *l'omniprésence* était assurée, pouvait n'entretenir que la suspicion envers Ses créatures, ne penser qu'à leur faiblesse et ne vouloir, pour elles, que punitions ! Si l'on regarde les faits de ce point de vue, ce n'est certes pas la prière qui serait à incriminer, mais bien la conception de Dieu qui, trop longtemps, a prévalu et qui prévaut encore beaucoup plus qu'on ne le suppose généralement. Il est évident que si les hommes avaient été habitués à considérer Dieu comme la *bonté même* et non comme étant simplement bon, serait-ce infiniment, c'est dans la confiance qu'ils auraient, dans les moments les plus redoutables, clamé : « Que Ta volonté soit faite ! », sachant que cette volonté de bien et de bonté, loin d'être cause de la détresse et du malheur, pouvait, seule, panser les plaies et mettre de l'ordre où était la confusion.

Ces quelques considérations font comprendre que si la prière a une raison d'être, elle est, dans sa nature et son efficacité, fonction de *celui qui prie.* Si celui-ci n'a d'autre lumière que celle apportée par l'instruction, parfois trop superficielle, de sa religion, il risque fort de ne dépasser que très peu le stade de la supplication dont il a été fait mention. Il y aura toujours, entre le Dieu qu'il prie et lui, l'abîme existant entre la créature et son créateur. Avec Alexis Carrel, on pourra penser que la prière est un point jeté sur cet abîme, mais ce sera un pont bien fragile que le moindre vent emportera pour ne laisser subsister que la déception, peut-être la révolte et, dans les deux cas, un doute angoissant, même s'il n'est pas immédiatement affirmé.

Cependant, cette forme de prière et cette attitude ne peuvent être condamnés ni rejetés. Dans un monde où les sens et le mental sont l'objet de constantes sollicitations, elles ont, au moins, l'avantage d'éviter une rupture complète avec le plan, par comparaison beaucoup plus élevé, de la spiritualité. Que la prière soit occasionnelle, qu'elle soit de circonstance, qu'elle soit dite avec la bouche plus qu'avec le cœur, elle est *la* prière et aussi longtemps que des hommes prieront — même mal — rien ne sera perdu : une toute petite flamme brillera qui peut, un jour, sur une stimulation quelconque, embraser un être, une communauté, un pays, un continent… un monde !

Naturellement, à côté de ceux qui prient ainsi, et parmi eux, certains le font avec une foi admirable — d'autres accordent à la prière une valeur exceptionnelle et une portée considérable. Ce sont ceux pour qui la création transcende les limites objectives et *même* subjectives qu'on lui impose, en général ; ce sont les mystiques au sens où, dans un autre chapitre, ce terme a été défini. Pour eux, aucune séparation n'existe entre Dieu et l'homme.

Sans doute, chacun a une compréhension qui lui est propre du Dieu qu'il est capable de reconnaître, d'admettre, mais tous considèrent que ce Dieu est *réellement* omniprésent, qu'Il est en tout et donc, *en eux-mêmes.* C'est en eux qu'ils doivent Le rechercher, Le découvrir. S'ils y parviennent, ils seront alors en résonance avec l'univers entier, car qui connaît l'essentiel connaît le relatif et le secondaire qui y sont renfermés. Les mystiques, à travers la prière, aspirent à l'union avec le Tout en eux-mêmes. Il y a donc une prière de nature mystique. Elle inclut toutes les autres formes et, en même temps, les transcende. Si quelqu'un, par exemple, récite le *"Notre Père"*, il en respecte chaque sentence et n'opère, dans l'énoncé, aucun changement. Simplement, il dit cette prière dans une attitude *intérieure* particulière, accordant aux mots, par delà leur signification courante, une portée supérieure, à la mesure de sa compréhension.

En outre, par cette prière, il sera amené à un état spirituel équivalant à une communion avec le Soi, avec l'Être en lui, avec le Père envisagé tout à l'heure, par le mental, comme distinct et dont, maintenant, le mystique en prière perçoit qu'il est un Tout dont lui-même fait partie et dont même ce mental qui se croit séparé est un fragment, un aspect de la vibration suprême se manifestant à une fréquence particulière. La prière du mystique apparaît comme une *visualisation complète* à laquelle l'être tout entier participe, et cette visualisation a, pour fondement, la puissance du mot. Une élévation du taux vibratoire se produit à tous les niveaux physique, mental et spirituel. Tout l'être est exalté, *"élevé"*.

La prière peut consister en des termes traditionnels — ceux de l'oraison dominicale, par exemple — mais elle peut aussi bien être faite de pensées ou de mots jaillis du cœur, à l'occasion d'une joie, d'une tristesse ou d'une profonde satisfaction. Elle peut être une plainte ou une action de grâce. Elle peut encore exprimer la contrition. Son résultat, si elle est négative, en ce sens qu'elle peut manifester le regret d'une action jugée répréhensible, est de *rééquilibrer* l'être. Celui-ci avait plongé vers l'abîme. La prière est un sursaut qui le ramènera à la surface. La confiance sera retrouvée et la prière positive — la véritable *communication* avec le Soi — pourra commencer. Si elle est *mentale*, la prière obtient son effet, pour ainsi dire, du dedans vers le dehors. Le bien-être physique et le sentiment de plénitude lui sont consécutifs. Si la prière est *orale*, c'est l'inverse qui a lieu. Le verbe agit sur l'être physique et il y a progression vers l'intérieur. Dans les deux cas, la prière résulte, d'abord, en un *"conditionnement de l'être"*. Qu'elle soit codifiée ou spontanée, qu'elle appartienne à telle tradition religieuse ou à tel mystique isolé, qu'elle soit d'inspiration occidentale ou de nature orientale — un mantra, par exemple — le résultat ne varie pas. C'est d'abord la préparation, la mise en condition, puis le silence retrouvé, grâce à *l'intention* qui a présidé à la prière et qui a stimulé l'être dans une direction déterminée, la communion intérieure ou même, si l'intensité a été suffisante, la fusion temporaire du moi avec le Soi.

Ne serait-ce que pour ces raisons, *il faut prier*. La prière est une technique spirituelle, *mystique*, qui trouve sa justification et prouve son haut mérite dans les résultats qu'elle permet d'atteindre. Pour l'homme en général, elle est le seul recours spirituel qui soit à chaque instant à sa portée, quels que puissent être ses besoins. Pour le mystique, elle complète la technique particulière qu'il a choisie et qui, sans elle, serait inachevée. La prière est un élément indispensable dans l'existence humaine. Si elle faisait entièrement défaut, le mystique mis à part, qui a d'autres voies vers son être profond, l'humanité serait la proie de bien plus de désordres psychiques, mentaux et autres qu'elle n'en connaît. Si elle utilise peu — ou mal — les pratiques spirituelles à Sa disposition, elle les utilise tout de même, mais quelle serait la situation si aucune ne lui était offerte !...

L'explication ultime de tout sujet fondamental — et celui de la prière en est un — se situe naturellement dans les résultats d'une harmonisation intérieure, d'un repli au niveau de soi, et c'est pourquoi, selon ma technique, je me rends dans ma cathédrale pour y rencontrer, cette fois-ci, le *"maître des œuvres"*, celui qui est à même de répondre à toute question relative aux techniques et méthodes accessibles à l'homme dans son effort de *régénération spirituelle*. J'imagine que le maître des œuvres a coutume d'enseigner debout. Pour moi qui m'efforce à la réceptivité la plus grande, cette attitude est impressionnante. Mais la gêne légère, résidu d'une visualisation qui a voulu inclure trop de détails inutiles, s'estompera vite, dès que le maître aura commencé de graver en moi la vibration de son message. Écoutons-le.

> « Ils sont plus nombreux qu'on ne pense, les mystiques et les croyants, qui négligent de prier... Sans doute compensent-ils, pour la plupart, cette négligence par d'autres travaux spirituels, sans se rendre compte, hélas, que l'habitude de la prière les récompenserait de résultats encore plus brillants. *La prière sanctifie les œuvres et d'abord les œuvres spirituelles.* Aucun mystique du passé ne l'aurait omise et les alchimistes, notamment, n'auraient jamais procédé à une opération sans une prière préalable.

« Il faut reconnaître que certaines religions, par leur dogmatisme et leur intolérance, ont été à l'origine du discrédit dont a souffert la prière et dont la notion de Dieu elle-même a été entachée. Dieu et la prière, par leur faute, ont recouvert, parfois, les pires turpitudes et les massacres les plus sanglants. Mais Dieu et la prière étaient étrangers à l'usage que faisaient d'eux les hommes. Dieu a été réhabilité au regard de l'humanité. Il doit en être de même de la prière. Pas plus que Dieu, elle n'est la propriété de quelque confession que ce soit. Elle doit être évaluée à partir d'elle-même et non à partir de ce qui a pu en être fait. La refuser encore parce que, naguère, elle a été utilisée à des fins coupables par ceux qui, au premier chef, avaient mission d'en protéger le caractère sacré, ce serait donner à ceux-là une autorité dont ils se sont investi eux-mêmes et qu'ils n'ont, en fait, jamais eue. Le temps a, d'ailleurs, accompli son œuvre et même ceux dont je parle, après avoir fait amende honorable, tentent aujourd'hui de redonner leur véritable sens aux valeurs spirituelles qu'ils avaient contribué à obscurcir. Mais laissons ces erreurs à un passé révolu et insistons sur la valeur intrinsèque de la prière, quoi qu'on ait pu, à quelque moment, en faire, qui a éloigné d'elle tant d'hommes, pourtant de bonne volonté.

« En introduction à ta méditation, tu as exprimé des conceptions que je partage. Je n'y reviendrai donc pas et c'est à un autre point de vue que je me placerai. Tu as parlé de prière mentale ; elle est *nécessaire*. Tu as parlé de prière orale ; elle est nécessaire aussi. C'est la *prière des œuvres* dont je t'entretiendrai, pour ma part. Laisse-moi cependant attirer, tout d'abord, ton attention sur un point et ajouter à ce que tu as écrit, ceci : la vibration originelle ou, si tu le veux, *l'unité*, se manifeste par des fréquences vibratoires différentes, en niveaux ou plans. Pour permettre leur compréhension, on les considère comme *supérieurs ou inférieurs*, selon le cas. On pourrait tout aussi bien — et certainement d'une manière plus exacte — les définir comme des cercles de plus en plus petits, au fur et à mesure qu'on se rapproche du centre et parler ainsi de plans plus extérieurs ou plus intérieurs. Les cercles formés dans l'eau, à partir du point où une pierre a été jetée, représentent mieux, en effet, la réalité des faits dont nous parlons.

« De toute façon, il est, dans l'un et l'autre cas, concevable que — pour prendre une image — un plan "rende hommage" à celui ou ceux qui lui sont supérieurs, autrement dit qu'il *s'harmonise avec eux* en s'efforçant de se rapprocher ainsi le plus possible du centre où tout a eu son origine. *C'est ce qu'accomplit la prière*. Celle dont je vais parler implique que les formes dont tu as fait état ont été observées. La prière *mentale* ou *orale* est nécessaire le matin *au réveil* et le soir *au coucher*. Elle est à recommander *au début et à la fin des repas*. Elle peut être utile en d'autres occasions — voyages, visites, maladies, et ce ne sont là que des exemples. La prière n'oblige à aucune *attitude extérieure*. Celle-ci ne peut servir que pour aider à la concentration et, dans une certaine mesure, à ce que tu as appelé la "mise en condition". Dans la prière, c'est l'attitude *intérieure* qui est fondamentale...

« La prière matinale est l'ouverture à la *prière des œuvres*. Elle doit toujours renfermer *l'intention* qui se développera, tout au long de la journée, dans l'action. C'est donc le *matin* que, par la prière, l'énergie dont on aura ensuite besoin, se concentre en nous, si cette intention a été manifestée. Il est évident que la prière matinale doit être, à tous égards, *positive*. Elle doit inclure la confiance, la certitude et la satisfaction de pouvoir profiter d'une nouvelle journée d'expérience et de réalisation. Le soir sera le temps de la prière de contrition pour les fautes commises dans le secret ou publiquement, du pardon des offenses, et des bonnes résolutions, après un sérieux examen de conscience. Cependant, c'est par la prière du matin que toute la journée aura été sanctifiée.

« Les œuvres ? Par cela, il faut entendre le travail, mais aussi le repos, les paroles, mais aussi les pensées, en un mot, *ce qui est accompli* depuis le matin jusqu'au soir. Chaque détail de la vie consciente est *œuvre*. La prière des œuvres consiste donc à faire bien ce que l'on fait, *à chaque instant*, sans se soucier de ce qui a été accompli à l'instant d'avant, ou sera accompli à l'instant d'après. La prière des œuvres est une prière de chaque minute, de chaque geste et de chaque attitude. *Elle est une prière d'amour.* Il est possible qu'une autre profession aurait davantage attiré certains et que la leur ne soit pour eux qu'obligation et amertume. Dès lors, comment l'aimer ? Mais réfléchissons.

« Une journée de vingt-quatre heures se divise en *trois* périodes de huit heures. Une période, celle du sommeil, étant mise à part, il reste comme phase active d'existence deux périodes de huit heures. L'une d'elle est à réserver au travail rémunérateur. C'est celle que toutes les écritures sacrées désignent comme le temps passé à "gagner son pain à la sueur de son front". L'autre période, en revanche, peut être consacrée à une occupation favorite, à un travail de détente, au développement de quelque talent. Il arrive que, pour quelques-uns, cette période devienne, un jour, celle du travail rémunérateur. Elle sera chargée alors de toutes les préoccupations et difficultés inhérentes à la période concernée et un nouveau passe-temps devra remplacer la vacance apparue pour la seconde période. Mais, *toujours*, les huit heures se rapportant à la profession seront pénibles de quelque façon. Est-ce à dire qu'elle doit être considérée comme une contrainte faisant nécessairement l'objet de lamentations et de récriminations ? Il en résulterait malheur et angoisse. Cette période, comme l'autre, doit être ouverte à la *prière des œuvres*. Le travail, aussi difficile qu'il soit, peut apporter joie et paix, s'il devient une prière. Œuvrer, sans se soucier des fruits de l'œuvre, agir bien, sans se soucier des résultats de l'action, cette loi est universelle. La suivre, c'est se réserver des heures d'intense bonheur intérieur et des lendemains de lumière. *Prier, c'est aimer,* et l'amour véritable donne sans demander rien. La prière des œuvres s'applique aux contacts avec autrui, quels que soient l'origine, le caractère ou l'humeur de cet "autrui", et si rien d'autre n'est possible, même le silence peut être une prière...

« Voilà ce que j'ai pu ajouter à tes propres réflexions et, comme toi, je conclus : *il faut prier !* Dans la prière sous toutes ses formes, l'homme peut parvenir à la paix, à l'assurance et à la puissance intérieure. Il peut connaître l'extase et se transformer au point de devenir un exemple. Il sera, en tout cas, très vite, un véhicule de choix pour la lumière divine, sans cesse à la recherche d'intermédiaires nouveaux pour luire davantage dans le monde et en dissiper les ténèbres. Le mystique, ou le croyant, vérifiera, par la prière, nombre de lois et principes qu'il a connus par ses études. Leur compréhension et préparation rendront sa prière plus efficace et, de la prière, il retirera d'utiles enseignements pour progresser dans la voie qui est la sienne.

« On a parfois cité, en exemple de prière agissante, des miracles. *Il n'y a pas de miracle.* Un effet est la suite *logique* d'une cause. Un miracle impliquerait un choix de la part d'un Dieu établissant, entre ses créatures, une distinction. Pour favoriser l'une d'elles, il suspendrait temporairement, pour elle, l'action des lois naturelles. Cette conception de Dieu est maintenant heureusement dépassée. Ce que l'on appelle *miracle* est bien le résultat de la prière et c'est, en fait, *la prière qui est miraculeuse.* Elle le serait plus souvent si elle était pratiquée avec une pleine conscience de son pouvoir.

« La prière unit l'homme à Dieu, pour user du langage classique. Tu l'as dit, elle élève le taux vibratoire de l'être et établit une résonance entre différents plans, en particulier le plan physique, humain, et le plan divin. Cette seule harmonie peut résulter en un miracle et ce miracle peut être soudain, fulgurant, si, une fraction de seconde, il y a fusion de l'âme avec Dieu ou, si tu préfères une autre terminologie, du moi avec le Soi. Cela peut se produire dans toute prière, dans la solitude ou au milieu de la foule. Il arrive ainsi que, dans des lieux de pèlerinage, la ferveur crée une intensité vibratoire telle que certains, en prière et entourés de prières, connaîtront un instant d'absorption dans le Tout avec les conséquences régénératrices qui en découlent selon l'intention, et ce résultat, logique, mais incompris, sera jugé surnaturel et appelé *miracle.* Suivant le même processus, la psychologie moderne obtient des résultats semblables, car sous divers noms et par différentes techniques, c'est toujours *la même loi* qui s'applique, produisant les effets. De la prière convenablement conduite, on peut *tout* espérer. De son étude, de son initiation, de sa progression vers la lumière, le mystique peut *tout* attendre. Il lui suffit de travailler, de persévérer et de *prier*. D'autres, par la prière, reçoivent seulement. Lui, reçoit et progresse vers plus de lumière, plus de paix et plus de service, foulant un sentier que d'autres, avant lui, ont suivi et que d'autres après lui suivront — *inéluctablement* — jusqu'à l'ultime retour. Va et que la paix soit en toi. Va et prie... prie pour toi, prie pour les autres, prie pour le monde et, sans cesse, rends grâces... »

Au moment où, revenu à la conscience objective, je m'efforce de donner vie intelligible à la lumière reçue, mon regard se pose sur le parchemin qui m'a été offert, il y a quelques années. Je relis lentement ces lignes émouvantes découvertes dans l'église Saint Paul de Baltimore et datées de 1693. Un autre parchemin constitue une suite du précédent. Je ne puis résister au désir de reproduire ici, pour mes lecteurs, ces paroles de sagesse. À ce chapitre, elles apporteront la conclusion la plus utile. Aux directives données sur la prière, elles ajouteront des conseils pratiques pour une vie sage, et les œuvres dont il a été souligné qu'elles pouvaient constituer une prière en seront sanctifiées. Les deux textes sont intitulés *"Desiderata I"* et *"Desiderata II"*. Les voici.

DESIDERATA I

« Va paisiblement ton chemin, à travers le bruit et la hâte
« Et souviens-toi que le silence est Paix.
« Autant que faire se peut, et sans courber la tête,
« Sois ami avec tes semblables ; exprime ta vérité.
« Calmement et clairement, écoute les autres,
« Même les plus ennuyeux et les plus ignorants.
« Eux aussi ont quelque chose à dire.
« Fuis l'homme à la voix haute et autoritaire ;

« Il pèche contre l'esprit.
« Ne te compare pas aux autres, par crainte de devenir vain
« Ou amer, car toujours tu trouveras meilleur ou pire que toi.
« Jouis de tes succès, mais aussi de tes plans.
« Aime ton travail, aussi humble soit-il,
« Car c'est un bien réel, dans un monde incertain.
« Sois sage en affaires, car le monde est trompeur.
« Mais n'ignore pas non plus que vertu il y a,
« Que beaucoup d'hommes poursuivent un idéal
« Et que l'héroïsme n'est pas chose si rare.
« Sois toi-même et surtout ne feins pas l'amitié,
« N'aborde pas non plus l'amour avec cynisme, car
« Malgré les vicissitudes et les désenchantements,
« Il est aussi vivace que l'herbe que tu foules.
« Incline-toi devant l'inévitable passage des ans
« Laissant, sans regret, la jeunesse et ses plaisirs.
« Sache que, pour être fort, tu dois te préparer
« Mais ne succombe pas aux craintes chimériques
« Qu'engendrent souvent fatigue et solitude.
« En deçà d'une sage discipline, sois bon avec toi-même.
« Tu es bien fils de l'univers, tout comme les arbres et les étoiles.
« Tu y as ta place. Quoi que tu en penses, il est clair
« Que l'univers continue sa marche, comme il se doit.
« Sois donc en paix avec Dieu, quel qu'Il puisse être pour toi ;
« Et quelles que soient ta tâche et tes aspirations
« Dans le bruit et la confusion, garde ton âme en paix.
« Malgré les vilenies, les labeurs, les rêves déçus,
« La vie a encore sa beauté. Sois prudent. Essaie d'être heureux. »

DESIDERATA II

« QUELLE QUE SOIT LA RELIGION QU'ON T'AIT ENSEIGNÉE,

« QUELLE QUE SOIT LA FAÇON DONT ON T'AIT ÉLEVÉ ET

« QUELLE QUE SOIT LA MANIÈRE DONT TU AIES COMPRIS TES MAÎTRES,

« Sur ces niveaux, tu comprendras et saisiras ce message.
« Il ne suffit pas que l'on croie en ce message. Il faut le vivre.
« L'essence de la religion universelle, ce sont la paix et
« La vérité, imprégnées de l'amour et de la bonté pour
« Toutes les créatures de la terre. Le moment est venu
« D'exprimer cette essence dans la vie personnelle.
« Il faut commencer par toi-même et ta vie intérieure.
« Tu veux réformer le monde ? Réforme-toi, mon ami !
« Le message de celui qui ne s'est pas réformé n'inspire
« Jamais la réforme. L'amour est au centre de toute religion, et
« La vertu, qui est l'amour en action, est l'accomplissement
« De la religion. N'aime pas seulement la famille et les amis,
« Car limiter l'amour, c'est le nier !
« Cherche la paix intérieure et l'inspiration divine.
« Persiste à faire ces choses ; n'y renonce pas un seul instant.
« Par ta foi et tes actions, tu formes ta vie et tu aides
« À former la vie des autres. Quelle responsabilité !
« En toi, l'esprit trouve son agent et son partenaire ;
« Autant tu en es conscient, autant tu seras enrichi.
« Tu auras une révélation, plus profonde que tes rêves
« Les plus exaltés. La nouvelle époque va poindre
« Où l'on se rendra compte de l'unité de tout.
« Les différences entre les religions disparaîtront.
« Ce qu'elles ont de bon sera réuni et deviendra le but commun
« De l'humanité. Sache que le choix est à toi.
« Choisis l'amour plutôt que la haine, la douceur plutôt
« Que la violence, la sainteté plutôt que le mal ;
« Ose croire que le règne de l'amour et de la paix arrive.

« Sois préparé, sois vertueux en toute action. La vertu
« Ouvre toutes les portes, et au-delà des portes se trouve
« L'amour. Que l'inspiration divine envahisse toute ta vie,
« La revêtant de récompenses pour les accomplissements
« Quotidiens, des trésors d'une existence réfléchie et
« De la lumière éternelle du paradis atteint. »

(Trouvé dans l'église Saint Paul, Baltimore. 1693)

SUBCONSCIENCE OU SUPRACONSCIENCE

Le sujet de ce chapitre est important. Il s'agit de dissiper, une fois pour toutes, la confusion créée, chez beaucoup, par la signification spirituelle de termes maintenant employés par la science, dans une acception différente et parfois opposée. A ce propos, on ne peut manquer d'éprouver la plus grande surprise. Les grandes religions et les mouvements spirituels et mystiques importants prennent grand soin d'informer qu'ils emploieront, dans leurs exposés, une terminologie particulière, à laquelle il est nécessaire de s'habituer pour bien saisir les notions incluses dans la formation dispensée. Il faut, en effet, pour se comprendre, user d'un même langage. Or, par la suite, certains pourtant dûment prévenus, se déclarent embarrassés par des termes dont le sens scientifique diffère de celui qui leur a été indiqué du point de vue mystique. Plus exactement, ils continuent d'accorder, à ces termes, la signification décidée, plus ou moins *récemment*, par la science et, naturellement, ce qui leur est ensuite présenté leur paraît obscur et incompréhensible. Sans doute ne se rendent-ils pas compte qu'en réagissant de cette façon, ils donnent à la lettre le pas sur l'esprit. Si à un mot, pour une explication déterminée, un sens particulier est donné, il suffira de se souvenir de ce sens pour saisir parfaitement les explications apportées et le but poursuivi — *la compréhension* — sera atteint. Au cas où, ensuite, on souhaiterait ajuster cette compréhension à des termes scientifiques, il n'y aurait aucune difficulté à le faire. Un vocabulaire *simple* et accessible à tous est nécessaire pour convoyer une *connaissance* définie. Cette connaissance, une fois assimilée, le vocabulaire employé a rempli son dessein. S'il a, ailleurs, une portée différente, cela est sans importance pour le but envisagé. Lorsque les lois et principes sont *compris*, chacun peut ensuite les revêtir de mots lui semblant convenir mieux et qui, peut-être, s'ils avaient été employés, n'auraient pas permis, à d'autres, de parvenir à une assimilation aussi parfaite des enseignements reçus. On ne se doute généralement pas de l'intolérance — voire du *fanatisme* — que peuvent soulever les mots.

C'est tout particulièrement le cas en ce qui concerne le mot *subconscience*. Ce mot est peut-être celui qui risque, si l'on n'y prend garde, d'engendrer la plus extrême confusion et une grande incompréhension chez un lecteur non averti. Sa signification mystique est, en effet, radicalement différente de celle que confère, à ce mot, la psychologie profane et surtout la psychanalyse. Or, l'acception psychologique et psychanalytique est connue de beaucoup et si le sens mystique n'est pas, de son côté, pleinement saisi, il est impossible d'accéder à une compréhension satisfaisante de ce que la tradition, par exemple, se propose de transmettre. C'est donc de *subconscience* que nous nous occuperons maintenant et ce sujet nous apparaîtra vite, non seulement passionnant, mais aussi *déterminant* pour une assimilation convenable des principes mystiques les plus fondamentaux. Écoutons le maître !

> « Après l'avoir souligné tant et tant de fois, est-il nécessaire de répéter encore que la conscience est une ? Qualifier certaines de ses phases sous le nom de *subconscience* ou de *supraconscience* aide sans doute à la compréhension intellectuelle, mais ne saurait, sans

erreur grave, conduire à une distinction nette et séparée entre ces phases. Il est utile, pour étudier le phénomène de la conscience, de savoir que celle-ci se manifeste sous un aspect *conscient* et perceptible et que ses autres aspects se situent *en deçà* ou *au-delà*, comme subconscience ou supraconscience.

« Cependant, prétendre définir, avec précision, ce que sont ces autres aspects, chercher à en énumérer les attributs ou caractéristiques et les enfermer dans une terminologie dogmatique, voilà qui ressortit à la pure spéculation et n'apporte aucune certitude que, seule, *l'expérimentation personnelle* peut procurer, sans que des mots puissent l'expliquer de manière satisfaisante. De plus, distinguer subconscience et supraconscience, c'est supposer *a priori et à tort* qu'il y a en dessous *(sub)*, plus bas que la conscience *objective*, une forme différente de conscience et qu'au-dessus *(supra)*, plus haut, il en existe une autre. Cette distinction n'a aucune réalité et elle est sans valeur pour une étude sérieuse de la conscience. Il est infiniment préférable de considérer qu'il y a, d'une part, la conscience humaine, objective, celle à laquelle l'homme est habitué à l'état de veille et, d'autre part, ce qui est au-delà, à l'arrière, au-dessus ou au-dessous de cette conscience et qui en est le prolongement. Mais il est mieux encore de comprendre qu'il existe *une seule conscience universelle* qui, lorsqu'elle se manifeste chez l'homme à l'état de veille, est reconnue comme conscience objective ou *conscience en activité*, en action.

« L'homme baigne donc dans un océan de conscience et celle-ci, *à travers lui*, se transforme, change d'intensité et est amenée au niveau de la perception. Ainsi, il est vain d'argumenter sur le terme à choisir pour désigner la conscience au-delà de l'homme. En lui, elle peut être dite *objective*. En dehors de lui, *elle est* et *par rapport à lui*, subconscience est un mot aussi approprié que supraconscience. Opposer un mot à l'autre est une dispute sans fondement. En adoptant le qualificatif *subconscient* dans les explications apportées au phénomène universel de la conscience, on opte pour une désignation parfaitement acceptable, le but étant d'éclairer certains aspects d'un *ensemble unique et non séparé*, pour permettre ensuite, les aspects étant compris, de les transcender et de revenir au *tout*, par l'expérience et la communion.

« La terminologie n'a d'autre importance que la compréhension convoyée par elle. S'en servir comme base d'un débat ou d'une discussion, voire d'une querelle, amène au sectarisme et même au fanatisme. Ce n'est pas seulement une sottise et un manque de réflexion. Cela peut devenir — et cela a été — l'origine de conflits sanglants entre les hommes. Pour autant que la nécessité s'en fasse sentir, il suffit, pour qu'un échange intellectuel soit fructueux et *raisonnable*, de s'entendre sur la valeur des termes employés. Il serait impossible d'engager la moindre discussion philosophique, si chacun des interlocuteurs accordait aux mots employés un sens différent des autres.

« C'est une règle générale et *fondamentale* qu'il faut d'abord s'imprégner d'une terminologie ou en convenir, avant de bénéficier d'un enseignement donné, et, par conséquent, établir une comparaison entre cet enseignement et un autre, l'évaluer ou, au pire, le condamner sans avoir *avant tout* concilié la valeur différente conférée à des mots, peut-être identiques, dans l'un et l'autre cas, ce serait commettre, sciemment ou non, une action regrettable et assurément mauvaise et condamnable, comme celle, célèbre dans les milieux de la tradition, de l'homme achetant beaucoup de livres et les lisant peu, qui se ridiculisa à prétendre qu'une grande organisation mondiale avait perdu toute crédibilité « ... en plaçant l'âme au-dessus de l'esprit. », contrairement à une autre qui les situait autrement ! Or, il n'y avait, entre ces organisations, qu'une différence de terminologie et celle-ci n'avait jamais nui à leurs bons rapports. En tout cas, la question que tu as amenée à mon attention, me procure l'occasion d'une solennelle recommandation : *que jamais, à aucun moment, en ce cycle nouveau, une séparation ou même la plus légère incompréhension ne s'établisse entre les hommes, à partir de formulations différentes d'une MÊME vérité ! Le choix d'une voie authentique, ancienne et valable, reste particulier à chacun. Mais TOUT EST UN et, autant que jamais, tout ce qui monte, sans cesser d'être distinct, converge au sommet !*

« J'ai répondu à la question précise que tu as soumise, puisque celle-ci se rapportait principalement au choix des termes à employer. Mais je vais étendre le sujet et susciter ainsi, en toi, la possibilité de réflexions nouvelles, après ton retour au niveau humain de... conscience. Pour te permettre de suivre mes explications, j'adopterai, moi aussi, le mot *subconscient*, pour indiquer ce qui n'est pas du domaine de la conscience objective. Le subconscient inclura donc, pour nous, aussi bien ce qui est, pour certains, le supraconscient que ce qui, pour d'autres, est l'inconscient, collectif ou non. Ainsi, *par le choix d'un seul mot*, nous simplifions les données les plus complexes, sans négliger en rien ce qu'elles impliquent et, peut-être, de ce fait, en les comprenant mieux encore. Examinons donc, d'un point de vue plus étendu, le phénomène *cosmique* de la conscience...

« Puisque la conscience est universelle, le problème surgit de savoir quelle est sa "place" par rapport à l'âme qui, elle aussi, est universelle. Y a-t-il, entre la conscience et l'âme, similitude — j'aurais dit simultanéité, si le temps avait pu être pris en considération sur le plan cosmique — ou bien y a-t-il différence, que ce soit en nature ou en niveau et, si tel est le cas, quel peut être le lien entre les deux ? Pour appréhender intellectuellement un problème de cette nature et surtout le résoudre, un postulat est essentiel et ce postulat, pour nous, est *l'unité du tout en lui-même et dans ses innombrables manifestations*. Le tout est un et il est à l'origine de ce qui est, pour l'homme, le visible et l'invisible, le fini et l'infini. Chaque expression ou manifestation du tout reste à jamais le tout lui-même. La division et la multiplication apparentes ne sont que l'interprétation partielle et irréelle d'un tout éternel, à jamais semblable à lui-même. En dernière analyse, *l'individualité humaine n'est rien d'autre que le tout s'évaluant lui-même dans l'une de ses composantes, même si ce n'est que par rapport avec d'autres composantes de même nature et de même niveau...*

« L'âme universelle apparaît donc comme un attribut du tout et la conscience comme un autre de ses attributs. En d'autres termes, le tout s'exprime d'une part, comme âme cosmique et d'autre part, comme conscience. Cependant, sa manifestation comme âme est la toute première *"animation"* du tout. Elle est son mouvement primordial, celui qui donne vie à sa propre existence, jusque là statique. *Le tout est, mais il n'existe que par ce mouvement premier.* Or, la conscience ne saurait exister où la vie n'est pas. Ainsi, l'âme, *dans laquelle* le tout se donne vie à lui-même, conditionne la conscience et *celle-ci n'est qu'en fonction de l'âme.* La conscience universelle apparaît donc comme un attribut de l'âme cosmique. Elle est engendrée par elle et elle en est inséparable. La *vie* donne, de cette manière, naissance à la lumière et c'est de leur action conjuguée que naît *l'amour* — le lien qui les unit indissolublement et qui, à son tour, les manifestera en des expressions nouvelles...

« Médite sur ces directions fondamentales que je te désigne. Elles sont à l'origine de toutes choses et *nul autre que toi-même, rien d'autre qu'un travail personnel de réflexion,* ne peut t'apporter davantage que ce que je t'ai dit...

« Pourtant, je voudrais te conduire à quelques considérations. Dans cet océan infini d'âme et de conscience qu'est le tout, une partie, aussi infime qu'elle soit, se manifeste pour toi, de façon perceptible. Par tes sens physiques, tu as connaissance de l'univers immédiat qui t'entoure, de la terre où tu vis, de sa matière inerte, de sa végétation, des animaux, des autres hommes. Âme et conscience pénètrent *tout* et tu n'ignores pas que tout est vibration et que les êtres et les choses ne diffèrent que par leurs fréquences vibratoires particulières. Ce que tu perçois, ce qui a , pour toi, une réalité physique, est pénétré d'âme et de conscience. Rien, par conséquent, n'est inanimé.

« Comment cela peut-il se faire ? Comment une masse vibratoire, apparaissant à ta vue sous une forme matérielle ou même humaine, peut-elle transmettre, transformer ou diriger d'autres vibrations plus subtiles ? Comment âme et conscience peuvent-elles s'insérer dans des vibrations de fréquence plus grossière, celles qui donnent ce que tu appelles ton corps et même ta pensée ? C'est là évidemment le cœur de la question la plus grave qui se soit posée à l'homme.

« Cependant, réfléchis : les vibrations sont en essence toujours les mêmes. Elles ont leur source dans ce que les mystiques, avec une compréhension particulière du terme, nomment esprit, celui-ci pouvant être considéré comme l'énergie déployée par le tout pour se mettre en mouvement. Ces vibrations, par des fréquences différentes, créent la diversité et, sans doute, savons-nous qu'il en résulte des lois telles que l'attraction et la répulsion.

« Pourtant, toutes ces créations, qu'elles soient visibles ou invisibles, perceptibles ou non, restent, en essence, en harmonie les unes avec les autres et il en résulte que la vibration la plus basse est toujours en accord avec la vibration la plus élevée qui soit. Cela, naturellement, explique que l'homme puisse se reconnaître, sans sacrilège, comme étant à l'image de son créateur, mais cela explique aussi que des vibrations de haute intensité spirituelle puissent constamment pénétrer en l'homme et le traverser, dans un flux continu d'âme et de conscience. De surcroît, dans une création d'unité, des vibrations de très basses fréquences réagissent également sur l'homme et celui-ci, s'il est à l'image du créateur, l'est, de même, à l'image de la création entière. C'est pourquoi, en se connaissant, il connaît, a dit le sage, l'univers et les dieux.

« Toute création matérielle remplit, dans le plan des choses, la fonction de transformateur et l'homme remplit cette même fonction. Son corps est un outil dans l'ensemble cosmique. Il est un clavier sur lequel le tout joue son éternelle symphonie. Si ce clavier donne un son différent de celui qui est attendu de lui, les lois réparatrices prévues par l'artiste feront leur travail et, vibrations elles aussi, causeront peine, souffrance et douleur à l'instrument désaccordé. Mais si celui-ci accomplit l'œuvre qui est sa raison d'exister, il connaîtra joie et paix profonde.

« Pourquoi sommes-nous ici-bas ? se demandent les hommes. La réponse est simple : pour servir — et non pas pour se servir. L'origine et la fin de toutes choses et de toutes créatures sont contenues dans ce seul mot…

« Le flux d'âme et de conscience qui pénètre l'homme et les choses, n'explique pas comment une "individualité" peut se constituer et se réincarner ensuite, en ce qui concerne l'homme. Il en serait ainsi, du moins, et l'énigme serait insoluble si ce flux traversait l'homme sans laisser en lui de traces. Mais il *baigne*, comme toutes choses, dans cet océan vibratoire qui le pénètre et, de vibrations, il est lui-même constitué. Son *individualité cosmique et humaine* est engendrée précisément par ces vibrations qu'il transmet et qui agissent sur lui et son milieu, puis, de son milieu sur lui. Sa personnalité ainsi se constitue en une nouvelle réalité vibratoire qui, plus jamais, ne disparaîtra et qui, dans l'océan auquel bien souvent je me suis référé, aura sa place et sa fonction éternelles. Si tu réfléchis à ce qui a lieu dans le cas d'une "batterie" d'automobile, tu auras une illustration de ce qui se produit à l'échelon universel et humain. La "batterie", alimentée par l'énergie nécessaire, répond à l'impulsion de celle-ci et la transmet tout en "se chargeant" elle-même et, s'il faut à quelque moment la changer, la seule différence avec l'homme réside dans le fait que la "batterie" ne devient jamais consciente d'elle-même, encore que, chez l'homme, c'est la *conscience universelle* qui, en lui, prend conscience...

« Tu mesures à quelles conséquences l'examen d'un sujet tel que le subconscient et le supraconscient peut conduire. Il en est de même des plus grandes questions auxquelles l'homme s'intéresse. Pour leur apporter une réponse satisfaisante, il est essentiel d'avoir établi de solides bases, en dehors de toute contrainte, de tout dogmatisme, de toute dispersion inutile.

« Ces bases, tout mouvement traditionnel sérieux les procure à quiconque cherche, dans la liberté, un appui et une direction autres que des déductions purement intellectuelles, car les bases reçues ne sont rien si, à partir d'elles, il n'y a pas expérience, recherche intérieure et conviction personnelle profonde, recueillie d'une communion avec le Soi qui est au cœur de chacun et qui est magnifié dans un contact répété et persévérant avec la cathédrale cosmique et ce qu'elle représente... Va, maintenant, et médite dans la paix de *l'unité* — *l'unité* dont tout émane, où tout revient, *l'unité* à jamais présente, *l'unité* qui, seule, est réalité, qui, seule, est vérité... »

Je vois en imagination le maître se retirer et je me sens revenu dans le monde du service. Il est parfois difficile ; il nécessite en chacun une apparente fermeté, mais comment, dans le secret, ne pas sans cesse vibrer d'amour pour les autres hommes, ces compagnons, ces frères qui, sur terre, dans une cohorte de lumière, avancent vers l'ultime réintégration.

LES RÊVES ET LEUR SYMBOLISME

De nombreux et parfois volumineux ouvrages ont été consacrés aux rêves. Savants et philosophes, psychologues et bien d'autres se sont penchés sur ce sujet, apportant des explications souvent très fragmentaires, sous une terminologie difficile à suivre et généralement inaccessible au plus grand nombre. À côté de ces études malgré tout sérieuses, des thèses accompagnées de *clefs des songes* ont été publiées, rencontrant, il faut bien le reconnaître, un succès inattendu.

Il est certes regrettable que les rêves n'aient pas fait, jusqu'ici, l'objet de recherches attentives largement diffusées de manière à intéresser le grand public. Des investigations sont, naturellement, effectuées, mais elles le sont dans le secret de laboratoires et de cliniques par des spécialistes qui, loin de coopérer avec des chercheurs de disciplines différentes, s'en tiennent à leur propre domaine et au vocabulaire qu'ils ont édifié pour eux-mêmes — pourtant, avec les rêves, c'est à une question éminemment humaine, d'intérêt immédiat et, pour ainsi dire, quotidien, que toucherait la vaste enquête encore à entreprendre. Pour l'homme qui cherche, heureusement, le problème ne se pose pas de la même façon. Il ne saurait être dérouté par cet important sujet. L'erreur qu'il commettrait — et il la commet quelquefois — serait de considérer les notions qu'il a acquises comme dépassées par des découvertes scientifiques récentes. C'est ainsi que, récemment, en relation précisément avec les rêves, une équipe de chercheurs disposant des instruments les plus élaborés, affirma, dans une retentissante émission télévisée reprise par la presse, qu'après maintes expériences, il s'avérait que tout homme rêvait, chaque nuit, *sept fois* environ, et cela, qu'il s'en rende compte ou non.

Ces savants en étaient venus à leur conclusion en “observant que la zone cervicale attribuée aux rêves entrait en activité sept fois, en moyenne, pendant la nuit”. Aussitôt, la réaction d'un certain nombre de spiritualistes fut de demander avec insistance que les enseignements soient révisés, mis à jour et rendus plus conformes aux récentes découvertes de la science. Or, que dit la tradition en ce qui concerne les rêves ? Elle déclare que le rêve se produit au moment du réveil, plus exactement alors que le dormeur se trouve dans *l'état intermédiaire* entre le sommeil et l'état de veille, sur cette *frontière* que l'on pourrait encore qualifier de *no man's land*, où l'éveil n'est pas réalisé, mais où le sommeil est achevé.

Il est évident qu'à *première vue*, cette explication était en contradiction avec la découverte scientifique signalée. En fait, il n'en est rien et la tradition n'avait pas à être amendée. Mais la science fournissait une donnée *véritable et intéressante* que le spiritualiste pouvait reconnaître sans changer quoi que ce soit à ses propres connaissances. Il suffisait, en effet, de comprendre — et c'est ce que j'expliquais aussitôt à mes collaborateurs immédiats — que si la zone cervicale concernée par les rêves devenait environ sept fois active durant la nuit, cela voulait dire, tout simplement, que l'homme pendant sa période de repos nocturne, *revient sept fois sur la frontière entre le sommeil et l'activité consciente, c'est-à-dire dans l'état intermédiaire dont il a été fait mention précédemment.* Il est possible alors qu'il se réveille, mais il est tout aussi possible — et c'est le cas le plus fréquent — qu'il retourne au sommeil le plus profond, sans que le rêve ait pu "prendre forme" et impressionner suffisamment le cerveau pour être intellectuellement perçu.

Le fait que l'homme rêve sept fois, autrement dit qu'il se rapproche, pendant son sommeil, sept fois de l'état de veille, nous amène à d'intéressantes conclusions et à des nouvelles considérations. Tout d'abord, par sa découverte, la science démontre qu'il est faux, comme l'on prétendu certains psychologues modernes — et non des moindres — de supposer que le rêve est un simple "exutoire" par lequel l'homme se rééquilibre, en compensant par des songes les refoulements de sa vie consciente, celui qui ne rêve jamais apparaissant comme un exemple de parfait équilibre, comme dénué de complexes avoués ou cachés et comme conduisant à leur terme toute pensée, toute attitude et tout geste qu'il peut ébaucher. L'équilibre absolu n'existe pas sur le plan humain.

L'homme, constamment, se trouve devant un choix et constamment sa volonté — ou celle des autres — intervient en faveur de telle ou telle décision qui ne correspondra pas nécessairement à son désir profond. Sa vie est ainsi faite d'idées, de mouvements, de tentations qui ne sont pas tous réalisés et s'il devait en résulter un prolongement dans les rêves, ceux-ci n'auraient d'autre fonction que l'assouvissement de tendances mentales ou physiques réfrénées au cours de l'activité diurne, ce qui est loin d'être le cas, bien qu'en fait, des situations ou émotions *intenses* soient, exceptionnellement, à l'origine directe de rêves ou de cauchemars. D'un autre côté, la même découverte scientifique va à l'encontre des déclarations de certains qui affirment ne rêver jamais. Comme tout être humain, ils rêvent, *mais ils ne s'en souviennent pas.*

Au réveil, nous ne prenons, d'ailleurs, pas tous et chaque matin, conscience de nos rêves. Beaucoup ont seulement *l'impression* d'avoir rêvé, mais ils ignorent la trame de leurs rêves et, repris par les activités quotidiennes, ils ne cherchent pas à se souvenir, ce qui, au demeurant, ne leur apporterait que peu d'informations. Il est évident que, sur les sept rêves d'une nuit, seul, le dernier, celui qui se produit au réveil peut être perçu et formulé par le mental. Les autres seront enregistrés par la *mémoire subconsciente* sous forme d'impressions et de sensations qui, à l'occasion, sous l'effet d'un stimulus extérieur ou d'une association d'idées particulière, surgiront à la conscience, donnant un sentiment inexplicable de "déjà connu". En tout cas, l'explication qui situe *l'instant* du rêve au moment du retour à la conscience conserve, nous l'avons souligné, sa pleine valeur.

Il nous faut maintenant avancer davantage dans nos investigations. L'origine des rêves, leur nature et leur symbolisme sont des sujets fondamentaux. Les bien connaître, c'est éliminer nombre de superstitions encore vivaces, même parmi ceux qui, des lèvres, se disent incroyants ; c'est apprendre à se servir d'un *pouvoir* inhérent, mais généralement inexploité avec efficacité, et c'est, en somme, tirer profit de possibilités particulières données à l'homme pour accroître ses connaissances et maîtriser les circonstances de sa vie. À la question « Peut-on se souvenir de ses rêves ? », la réponse est *affirmative*. Il suffit d'apprendre à le faire, encore qu'il n'est pas à conseiller d'accorder à tous les rêves une égale importance. En ce domaine aussi, il faut savoir faire preuve de discrimination et user de la faculté de raisonnement, tout comme on le fait, dans le courant de la journée, pour les innombrables impressions dont on est assailli.

Toutefois, il n'est pas inutile de posséder un *"carnet de rêves"* et, jour après jour, d'y inscrire, dès le matin, les images et impressions perçues, ne serait-ce que le sentiment d'avoir rêvé à ceci ou à cela. Cette pratique permet d'établir une "clef des songes" personnelle, sans cesse plus élaborée et, à coup sûr, infiniment plus exacte que les ouvrages présentant des explications n'ayant aucun fondement et perpétuant maintes superstitions de périodes d'obscurantisme depuis longtemps révolues.

À ces déclarations, mes lecteurs comprendront que, tout en admirant le génie de Jung et en m'associant à l'hommage qui lui a été rendu pour avoir fait avancer autant la psychologie de notre temps, je ne partage, en aucune façon, ses explications concernant les rêves. Certes, ce qu'on appelle inconscient collectif est un fait que nul ne songe à nier. Les spiritualistes eux-mêmes le reconnaissent sous un autre nom — celui de *mémoire universelle*. Mais, à de rares explications près, conférer à des archétypes définis une valeur finale en relation avec les rêves, c'est enlever à ceux-ci leur caractère nettement individuel et ignorer les causes prochaines — circonstances de l'existence personnelle, milieu, environnement, éducation et instruction notamment — au profit de plus lointaines : acquis humain collectif, traces communes de l'évolution et de l'expérience de l'humanité qui, si elles ont leur rôle, ne constituent pas l'explication ultime.

Nous pourrions continuer à examiner les aspects les plus importants du thème que nous nous sommes proposés, mais il me semble que nous avons suffisamment fait usage de notre seule raison et que, pour envisager notre sujet d'un point de vue d'ensemble renfermant la réponse à toute question susceptible ensuite de se poser, il est nécessaire, une fois de plus, de faire appel à la lumière qu'il est possible de retirer d'une communion intérieure.

Aujourd'hui, pour mon harmonisation, je me trouve confronté avec un problème, mais ce n'est pas la première fois et d'autres que moi ont à le résoudre pour eux-mêmes. Je suis, en effet, en voyage et je ne dispose naturellement pas d'un lieu de méditation approprié. Pour un chapitre précédent, j'avais dû déjà m'adapter aux circonstances. Après tout, l'ambiance que nous aimons pour méditer est, en quelque sorte, "l'objectivation" de ce que nous portons en nous-mêmes. Nous nous entourons d'un décorum correspondant aux aspirations de notre nature *profonde* et les symbolisant pour réagir, ensuite, comme par *réflexion*, sur notre être tout entier et ouvrir une voie consciente entre notre moi extérieur et notre moi réel, même si c'est au prix, au début, d'une confrontation personnelle avec le mental enclin à se rebeller en établissant de *fausses comparaisons.*

Donc, n'ayant pas de lieu approprié disponible où je me trouve en ce moment, c'est à ma *pensée* qu'il appartient d'y suppléer aussi par la visualisation. Je choisis pour méditer un fauteuil confortable de mon appartement, je m'y installe et, après trois respirations profondes, les yeux clos, je me vois *en imagination* dans la cathédrale que j'ai choisie pour y trouver l'harmonie intérieure. Cette cathédrale a pour moi la valeur d'un *"vrai" absolu.* J'attends le maître. Sera-ce celui des symboles, en raison du sujet à traiter ou un autre ? Qu'importe ! Il sera LE maître, un fragment de sublime vérité. Il apparaît soudain à ma pensée. Qui est-il ? Jamais, en venant en ces lieux de sagesse, je ne l'ai, jusqu'ici, imaginé. Le "message" maintenant se grave en moi.

> « Je suis le gardien des mystères et des mystères, en même temps, je suis le révélateur. C'est donc à moi qu'il incombe de te livrer quelques clefs, dont un travail de réflexion et de méditation te permettra, ensuite, d'user pour comprendre, à mesure qu'ils se présenteront à toi et à d'autres, les problèmes et les aspects *infinis* du grand sujet qui, aujourd'hui, est la

raison de ta présence ici. J'ai connaissance des conclusions auxquelles déjà tu es parvenu. Il m'appartient de les éclairer davantage, mais tu as eu raison d'insister sur *l'importance des rêves* dans l'existence humaine en général, et pour le mystique en particulier. Ils constituent un *échange* entre deux mondes — le visible et l'invisible — et entre deux états, l'état objectif de conscience et l'état subconscient, au sens donné par toi-même dans un précédent message. Ils sont, même pour le matérialiste ou prétendu tel, une *ouverture* sur un domaine qu'il ne comprend pas, qui l'angoisse et l'amène, tôt ou tard, à réfléchir à cet inconnu qui le hante, malgré toutes les explications "plausibles" auxquelles, en paroles, il se rattache sans, au-dedans de lui, les accepter au point d'en être apaisé. Parce que les rêves font partie, pour un grand nombre, de l'inconnu, précisément, on en parle peu ouvertement, dans le but d'en découvrir l'origine et la portée.

« Certains, naturellement, font état de leurs rêves, mais avec une crainte frisant la superstition et empêchant une analyse attentive du sujet. D'autres craignent, à tort, qu'en cherchant une explication aussi complète que possible, ils ne bénéficieront plus de rêves dont ils admettent que quelques-uns leur ont été utiles. Rien n'est, cependant, aussi réconfortant et utile que la vérité et dans le domaine des rêves particulièrement. Dans certains continents, notamment en Afrique, le rêve est un élément essentiel de la vie et il est un objet de respect, voire de vénération.

« Un Africain qui ne rêverait plus ne serait pas loin de se supposer maudit ou en proie à de criminelles pratiques de sorcellerie. Les rêves, en tout cas, sont, par eux, pris très au sérieux. Il est vrai qu'ils concernent souvent leur vie quotidienne, leurs activités extérieures, leurs relations familiales et sociales ou les événements même mineurs de leur existence en général. Pourquoi ? C'est ce que mes explications t'aideront à comprendre.

« Considérons donc l'origine, la raison et le but des rêves, sans revenir sur leurs fréquences puisque tu en as précédemment traité, sinon pour établir que le cycle de *sept rêves* dont fait état la science n'a une valeur ni approximative ni moyenne, mais qu'il est *fondamental et définitif*. En d'autres termes, *tous les hommes rêvent sept fois par nuit et ces sept rêves ont, pour leur existence, une importance fondamentale*. Si le dernier, comme tu l'as souligné, présente un intérêt plus immédiat pour celui qui s'en souvient, les six autres sont tout autant essentiels pour l'ÊTRE humain, dont le corps physique n'est qu'un attribut ou élément et, à cet égard, je puis maintenant révéler une connaissance jusqu'ici gardée par les écoles de mystères, parmi les secrets à ne transmettre qu'aux disciples longuement éprouvés : *les sept centres psychiques parfois appelés chakras sont, dans le corps humain, les points de jonction ou, si tu préfères cette image, les "touches" sur le clavier corporel, des sept corps ou états qui constituent l'homme total, l'un d'eux correspondant, naturellement, au corps physique lui-même.* Le point de "conscience" des activités de ces sept corps se trouve dans la zone cervicale que la science a attribuée aux rêves.

« Ainsi, les "sept rêves" correspondent aux activités successives des sept corps de l'homme pendant son sommeil. Ces activités sont ressenties par la zone cervicale concernée. Celle-ci "clignote", pour ainsi dire, chaque fois que l'un des corps entre en action. Lorsqu'il s'agit du corps physique, cela se produit au moment du réveil et l'activité en question est mentale. Je dois préciser maintenant un point important. Tu as, comme moi-même, mentionné sept rêves et cela peut prêter à confusion. En réalité, il se produit UN SEUL ET MÊME RÊVE sur sept plans différents, ce rêve, sur chaque plan — dans chaque "corps" — étant formé du "matériau symbolique", c'est-à-dire de "vibrations" correspondant à ce plan ou corps.

« Bien entendu, il y a une "correspondance" entre ces plans, et le rêve dont on se souvient au réveil, "correspond" à la nature ou forme qu'il a revêtue dans les autres corps et *cela est très important*. Celui qui n'a d'autres préoccupations que les activités matérielles n'interprétera son rêve, s'il cherche à l'interpréter, que de ce seul point de vue. Le spiritualiste, au contraire, "travaillera" son rêve, recherchera ses correspondances et s'efforcera d'en extraire les données les plus "spiritualisées" qui soient. Les sept corps existent, je le rappelle, en tout homme et ces sept corps sont toujours en activité. Il faut apprendre à les employer dans le sens de la "prise de conscience totale" qui est le but de la vie. Il n'y a pas à les éveiller ou à les développer : *ils le sont*. Il faut utiliser les possibilités qu'ils renferment pour avancer vers l'expérience terminale de "conscience cosmique réalisée". *Ces plans ou corps n'ont pas à être intellectuellement connus*. Cela, d'ailleurs, serait impossible et cela est inutile. Il est vain de vouloir définir ces corps ou de leur attribuer des fonctions, car le risque d'erreurs est grand et une telle connaissance ne serait que spéculative. C'est pourquoi l'on peut éviter, *à juste raison*, de se livrer à des développements inutiles, hasardeux et, de toute évidence, stériles, par rapport au but poursuivi, qui est l'évolution vers la prise de conscience cosmique. Il est mieux de concentrer l'attention des spiritualistes sur ce qui est démontrable et de les entraîner à *l'expérimentation* qui met progressivement en activité, chez eux, *toutes* les facultés nécessaires *à quelque plan ou corps qu'elles appartiennent*.

« En raison de la correspondance entre les plans sur laquelle j'ai insisté, il est possible, sans surcharger l'intellect et, au contraire, en l'apaisant, de conduire à des résultats pratiques infiniment plus valables que de longs exposés théoriques, spéculatifs et, en dernière analyse, sans nécessité. Après tout, pour conduire une automobile, il est parfaitement inutile de connaître tous les éléments qui la constituent pour se rendre à la destination choisie. Connaître ceux à employer *immédiatement* et avoir appris à *conduire*, suffit !

« Des explications données jusqu'ici, nous pouvons extraire une définition et parvenir à de fructueuses conclusions. Commençons par la définition : *"Le rêve est une conséquence des activités de l'ÊTRE humain constitué de sept corps ou plans liés à l'un d'eux — le corps physique — aux points connus sous le nom de centres psychiques ou chakras et dont l'action est ressentie par une zone cervicale particulière située sur le côté gauche de la tête"*. Cette définition permettra de comprendre certaines des impressions ou sensations qui suivent certaines expériences. Mais elle a une portée plus générale et assurément très importante : le rêve est une partie intégrante de toute technique spirituelle. Il ne doit pas être négligé, car il est riche d'enseignements.

« Cependant, ainsi que tu l'as indiqué toi-même, il est personnel. En demander l'interprétation à qui que ce soit, aussi sage soit-il, est une erreur et un danger, car même si l'interprétation est correcte, elle ne pourra concerner que le domaine tangible — celui des activités de ce monde — et, au mieux, ce qui s'en rapproche le plus, mais le travail *personnel*, qui consisterait à rechercher les correspondances sur les autres plans, serait compromis, une direction définitive ayant été donnée aux pensées et aux mécanismes *subconscients*, par l'interprétation. Ce qui est à conseiller, tu l'as dit, c'est un carnet de rêves personnel sur lequel on travaille *seul*. Toute interprétation est fonction du degré d'évolution acquis dans la "prise de conscience" et, à cet égard, chacun est à une stade particulier de développement. Le rêve aide à la comprendre et, de plus, confère de nouvelles possibilités de progression. Attendre une explication de quelqu'un *supposé* plus avancé, ramènerait sur le plan mental, intellectuel — et cela, définitivement — ce qui aurait pu être une opportunité exceptionnelle de compréhension meilleure et de progrès nouveaux.

« Tu as, par ailleurs, donné un juste avertissement. *Il faut savoir utiliser les connaissances fournies par les rêves ; il ne faut pas en devenir l'esclave.* Malgré les apparences, chaque jour de l'existence humaine est un progrès par rapport au jour précédent. Le rêve peut donc, chaque jour, être différent. La forme qui est perçue au réveil est faite d'un matériau d'impressions, de sentiments et d'émotions dont la nature ou l'intensité n'est plus exactement ce qu'elle était la veille. L'expérience d'une journée s'y est ajoutée, quelques pas ont été franchis sur la voie de l'épanouissement intérieur, même si les visées sont purement matérielles, et le rêve en sera influencé, de même que l'interprétation ultérieure dont les bases seront un peu plus larges. Le travail sur les rêves doit être, par conséquent, une partie de la technique mystique. *Il ne doit pas s'y substituer.*

« La question qui se pose maintenant, est certainement celle de la nature des rêves et tu te demandes comment expliquer, par exemple, les *rêves prémonitoires*. Je te ferai tout d'abord remarquer que les rêves ne deviennent prémonitoires *qu'après coup*. Un événement survient et tu constates qu'il correspondait à un rêve connu quelque temps auparavant. Ce rêve, d'ailleurs, t'avait considérablement frappé. Note attentivement ce que je vais te dire : il n'y a pas de rêves prémonitoires ; il y a des *rêves d'avertissement*. Si deux conditions sont établies sur le plan spirituel, la troisième, nécessairement, est bien près de se manifester. À ce moment-là, le rêve qui, pour les autres plans ou corps, conserve une valeur infiniment plus grande, inclut, comme *l'un* de ses aspects, la condition cosmique constatée. Cet aspect *particulier* de ton rêve t'impressionne, au réveil, plus que tous les autres et tu le retiens seul. Mais il ne signifie pas que *l'événement va se produire*. Tu es informé qu'il est susceptible d'arriver. Dans ce cas, si tu sais tenir compte de *l'avertissement*, si tu mets en application les principes que tu connais déjà — notamment la visualisation — et si tu "effaces" les deux conditions négatives cosmiquement établies, les remplaçant, au besoin, par les conditions *positives* correspondantes — maladie par santé, par exemple — si enfin tu prends, *humainement*, les dispositions nécessaires, l'avertissement aura été salutaire et l'événement ne se produira pas ou tu ne seras plus concerné par lui, s'il s'agit d'un événement collectif.

« Il faut, naturellement, que tu sois toi-même en jeu pour agir efficacement. Si le rêve concernait quelqu'un ou quelque chose d'autre — à condition *que ton interprétation soit correcte* — tu pourrais aider, et tu le devrais, car ayant rêvé, tu as avec l'événement un lien peut-être difficile à comprendre, mais tu ne pourrais que réduire les conditions prévues par ton rêve, les ramener peut-être à d'étroites limites, les rendre moins dangereuses ou fatales, mais tu ne pourrais que rarement les supprimer aussi efficacement et complètement que si tu étais totalement inclus dans les circonstances dont le rêve t'a averti.

« De toute façon, je te le répète, tu dois aider et le faire par les principes spirituels. Si au lieu d'agir de cette façon, que tu sois concerné ou que ce soit d'autres, tu considérais l'événement comme *devant* se produire, tu opérerais une forme de visualisation inverse et tu contribuerais à *hâter* la réalisation de ton rêve, l'angoisse à laquelle tu t'abandonnerais ajoutant à son actualisation. Au cas où tu serais seul concerné, tu ne serais responsable que des circonstances se rapportant à toi. Mais si tu agissais de même pour un avertissement au sujet d'un autre, ta faute serait lourde et, *à brève échéance*, tu aurais à la compenser d'une manière au moins égale et à souffrir en conséquence.

« Pour un avertissement *bénéfique* pour toi ou un autre, il faut, au contraire, *renforcer*, par la visualisation et tous les principes mystiques possibles, les deux points cosmiques et réunir les conditions humaines et physiques pour hâter la réalisation. Dans *ce* cas, si le rêve se rapporte à quelqu'un d'autre, il ne faut pas hésiter à le prévenir, alors qu'un avertissement négatif doit *toujours* être tenu secret par celui qui le reçoit. Le révéler à quiconque est une faute *grave* qui exigera compensation, car c'est mettre en action un mécanisme de pensée, chez autrui, qui peut — sans que cela soit inéluctable — accélérer l'événement et celui qui a rêvé et "parlé" supporte sa propre responsabilité en la circonstance et celle de tous les autres. Je ne mentionnerai que pour mémoire les rêves "inventés" dans un but de glorification personnelle ou avec l'intention de nuire. De tels actes relèvent de la psychiatrie, mais ils sont, pour leurs auteurs, la cause de dures leçons à endurer longtemps ensuite...

« Je vais bientôt te quitter et je voudrais le faire par un enseignement pratique. Il est vrai que certains supposent ne jamais rêver et le message d'aujourd'hui leur aura appris qu'ils étaient dans l'erreur. S'ils ne se souviennent pas de leurs rêves, c'est pour deux raisons. La première a trait à leurs réactions générales dans l'existence. Ils sont *émotivement* moins impressionnables que d'autres. Leurs réactions se situent surtout au niveau de l'intellect et du raisonnement, et leur visualisation des êtres et des choses est plus abstraite que "visuelle". Pour se rappeler mieux leurs rêves, ces personnes doivent donc apprendre, d'abord, à développer leurs émotions *positives* et également leur sens artistique, en se laissant "imprégner" passivement par la musique, par exemple, ou encore la peinture, et en maîtrisant, *à ce moment-là*, leur esprit analytique ou critique. La seconde raison est un réveil trop rapide ou survenant dans des conditions extérieures telles que le franchissement de la “frontière” est accéléré au point que le mental n'a pas le temps de “formuler” les impressions qu'il reçoit. C'est cette situation qui doit être améliorée dans la plupart des cas.

« Enfin, pour développer la “mémoire des rêves”, il faut, le soir, avant de s'endormir, se placer dans l'état intérieur voulu. La méditation y aide beaucoup et la visualisation — un contact avec la cathédrale cosmique, par exemple — ou encore une expérience mystique, sont les aides les plus efficaces. En outre, le repas du soir doit être suffisant, mais léger et pris plusieurs heures avant le coucher. Une nourriture trop riche et abondante, dans la soirée, ne facilite pas un sommeil reposant et il peut en résulter cette forme perçue de rêve que l'on nomme *“cauchemar”*. Celui-ci est, d'une certaine façon, un *avertissement*, une injonction à éviter des conditions alimentaires nuisibles. Comme dans le cas des rêves d'avertissement, les cauchemars ne sont *qu'une partie du rêve*, au détriment d'aspects plus subtils. Ils doivent être, cependant, notés et analysés comme les autres rêves.

« En dernière analyse, il est vrai de le dire, *un homme a les rêves qu'il mérite*. Les rêves du mystique seront généralement de nature symbolique ou spirituelle, car ses “corps ou plans” sont plus harmonisés, plus “en résonance”. Et certains rêves seront de véritables initiations, car il est évident que les corps de l'ÊTRE humain “se meuvent”, si je puis prendre cette image, dans leur propre sphère, chacun dans l'un des sept états ou mondes de la création universelle, mais ceci est un sujet réservé à une étape supérieure de l'évolution.

« En attendant d'y parvenir, on peut, il est vrai, appréhender *par le rêve* quelques-unes de ces hautes vérités. Que le cherchant travaille donc, dans ce domaine, comme il est attendu de lui qu'il le fasse dans son étude régulière — avec zèle et persévérance, en surmontant, s'il le faut, les rares obstacles laissés sur son chemin, dans cette ère nouvelle : le doute et le découragement...

« J'en ai terminé. Va, maintenant, et revêts de mots ce que j'ai enregistré en toi. Le sujet est, je le souligne encore, d'importance. J'ai dit ! »

Le message reçu a été plus long que d'habitude et les problèmes traités plus complexes. Il faut à cela donner forme. Les mots viennent plus aisément sous ma plume et, surtout, je me souviens, comme si, en ce moment même, mon instructeur — le Soi en mon être — prononçait à nouveau son discours et comme si mes oreilles physiques le captaient...

C'est la toute première fois que les rêves m'étaient ainsi apparus. Jamais je n'avais rien lu ni entendu de semblable, et je dois reconnaître que ces explications nouvelles satisfaisaient mon esprit. Elles ouvraient, en outre, de vastes horizons à mes méditations. Sans doute, lorsque parmi les sept corps ou plans, était inclus le corps physique, j'avais mentalement interprété que, par corps ou plan physique, il était fait mention du corps subtil le plus rapproché de notre être matériel, celui par lequel s'exercent le mental, le raisonnement, l'intelligence, ce que *nous* appelons corps physique n'étant que le support, le *clavier* utilisé par nos différents véhicules — les corps ou plans de notre être — pour agir dans le temps et l'espace du monde manifesté.

Le message, en définitive, situe les rêves dans le contexte général de l'univers créé et même, implicitement, *au sein de l'unité en manifestation*. La terminologie employée doit être bien comprise pour que son enseignement soit profitable. Les bases sont jetées et sur ces bases, beaucoup peut être édifié par *chacun* de nous, selon le degré atteint. Que les rêves soient mieux utilisés comme éléments de l'évolution spirituelle, cela le message d'aujourd'hui le recommande. L'homme a vraiment à sa constante disposition tout ce qui lui est nécessaire à son évolution, mais il le néglige ou ne sait l'employer. Il faut saisir chaque opportunité pour avancer sur le sentier de la connaissance. En particulier, il est nécessaire d'apprendre à se servir de nombreux outils. Sachant la valeur des rêves, ils sont à inclure dans la recherche et les efforts.

LA LOI DU SILENCE

Sachant maintenant que vous pouvez atteindre le Soi et l'harmonisation par une construction mentale de votre choix, et vous souvenant que j'ai choisi, en ce qui me concerne, une cathédrale à laquelle j'ai donné l'apparence extérieure et intérieure que j'ai décrite, votre visualisation personnelle sera encore facilitée. Vous pouvez décider ce que sera pour vous cette construction imaginaire, vous pouvez vous intéresser davantage à tel ou tel de ses aspects, et c'est en cela que votre visualisation reste personnelle et que vous apprendrez à définir votre propre voie.

Votre "haut lieu" vous attend *à tout instant* et, comme moi, vous pouvez en faire le fondement de votre vie spirituelle. Si, comme moi, vous lui donnez la forme d'une cathédrale, vous y avez votre sanctuaire comme j'y ai le mien, celui où je me situe en pensée en ce moment.

Il est presque quinze heures sur la terre et ici, le soleil resplendit de toute part autour de la cathédrale que je visualise. Mon sanctuaire privé est inondé de ses rayons et ceux-ci, par le miracle du grand vitrail, revêtent une multitude de couleurs où le violet domine. J'ai eu la surprise, en arrivant, de constater qu'un maître m'attendait et sans doute est-il à l'origine de l'intense désir qui m'incitait, en ce samedi après-midi, de venir me recueillir ici. J'écoute maintenant le maître sans l'interrompre jamais.

« J'ai désiré te voir pour t'entretenir de la loi du silence, afin que tu insistes davantage toi-même sur ce sujet si important pour tous ceux qui recherchent une plus grande lumière. Tu es parfaitement conscient que la mission des maîtres — de tous les maîtres — est d'aider l'homme à découvrir son moi intérieur, la divinité de son âme, *le seul maître véritable* : celui qui est en lui. En réalité, il n'y a pas d'autre raison à la présence humaine sur terre. L'homme doit prendre conscience de ce qu'il est. L'âme doit prendre conscience d'elle-même. Toutes les circonstances, toutes les émotions, toutes les expériences visent à cette fin unique et les maîtres ont pour responsabilité de guider l'homme vers cette découverte, vers cette approche du Soi, particulièrement lorsque sa démarche errante dans le désert des épreuves et d'insolubles questions l'ont amené sur un sentier où, enfin, il a entrepris une progression méthodique. Or, même dans une voie spirituelle, les habitudes néfastes du passé gardent leur emprise et l'on avance par crises, allant alternativement du matérialisme le plus déroutant aux phases les moins raisonnables d'une aspiration fanatique, exacerbée. Il en résulte des progrès, sans doute, mais combien lents et imparfaits !

« Le premier objectif doit être la recherche de l'équilibre. Il faut que soit définitivement établi chez le cherchant un point de rencontre entre le physique et le spirituel, de telle sorte que le spirituel soit contrôlé par le physique et vice versa. Il n'y a pas d'autre solution pour une démarche véritable et efficace que ce point d'appui, ce point de jonction où l'on doit se situer sans cesse, car c'est seulement ainsi qu'il parviendra au but. Le matériel est un stade, le spirituel en est un autre, et le troisième est le cherchant lui-même qui, par conséquent, évolue efficacement et réellement, uniquement s'il prend appui sur l'équilibre des deux autres stades.

« Dans la figure formée par le matériel, le spirituel et le cherchant, c'est-à-dire un triangle, le quatrième point est donné par la rencontre des trois perpendiculaires abaissées de chaque pointe sur le côté opposé, et ce quatrième point qui confère à la démarche mystique ses assises parfaites où se retrouvent, se conjuguent les trois autres, c'est la loi du silence. C'est là que se concentrent la force et la lumière, c'est là que se produit la communion intérieure, le contact avec le Soi. Ce point central est un noyau de puissance infinie, d'équilibre absolu, de connaissance parfaite. La Bible rappelle le pouvoir du silence en une formule courte, mais significative : « Entre dans le silence et sache que je suis Dieu. » Car c'est « dans le silence » qu'on reconnaît « Celui qui est » : la présence divine, le moi intérieur, le Soi.

« La pratique du silence est une obligation fréquente pour le cherchant. S'écartant des agitations du mental, repoussant tout ce qui est "extérieur", il entre quelques instants en lui-même pour *faire le point*, c'est-à-dire recueillir la direction et la lumière du centre où convergent, en une harmonieuse combinaison, l'essence de toutes les données spirituelles, mentales et matérielles qui constituent son existence. Il est évident que la pratique du silence est essentiellement *passive*. Pour recevoir, il faut se taire et le mental doit être muet, ce qui ne signifie pas qu'aucune idée intuitive ne se manifestera et que le cours des pensées ne prendra pas une direction déterminée. C'est au contraire ce qui se produira. Il n'y a pas de vide absolu. Il suffit donc d'adopter l'attitude d'un spectateur et de "voir" sans participer. Le mental n'interrompt jamais son cours, pas plus que les sens ne cessent de fonctionner, mais on peut ne pas avoir conscience du travail mental ni percevoir les impressions sensorielles. Certains disent qu'ils ne peuvent pas se concentrer, qu'ils s'aperçoivent soudain que leur pensée n'a pas cessé d'errer. C'est là une erreur de compréhension. En effet, soudain ils remarquent que leur mental poursuit son œuvre et ils en concluent qu'ils ne sont pas concentrés. *Mais* ils oublient qu'avant ce "soudain", ils étaient "ailleurs", précisément "dans le silence de l'âme". Ce silence est rompu au moment du "soudain", c'est-à-dire quand ils se rendent compte objectivement que le mental travaille. Or, je le répète, le mental n'a jamais cessé de fonctionner même au cours de la période de silence, mais il le faisait sans qu'il y ait participation ni conscience.

« Entrer dans le silence, c'est donc ne plus participer, ne plus avoir objectivement conscience des processus mentaux et physiques dont l'activité est *ininterrompue* tout au long de l'existence humaine, et il est important de se souvenir que si, à un moment donné, on reprend conscience de ces processus, la période de silence est achevée, mais que, précédemment, on était bien "dans le silence".

« La période de silence peut ne durer que quelques secondes du point de vue humain. La durée est sans importance. Une seule seconde de vrai silence au niveau de Soi suffit à la manifestation d'une force et d'une connaissance infinies qui, sans être perçues immédiatement, se développeront ensuite de mille manières dans la vie consciente, sans qu'il soit possible ni nécessaire d'attribuer de tels résultats aux périodes de silence. Ce sont ces périodes que les maîtres utilisent pour leur action, pour inciter, guider, établir les conditions d'une meilleure compréhension. C'est dans le silence de l'âme que nous œuvrons au service du disciple, pour qu'ensuite ses efforts résultent en une progression plus rapide et plus efficace.

« Tout est utile dans la voie spirituelle : la théorie et la pratique, la lecture et l'expérience, la discussion et le recueillement, mais s'il y a déséquilibre, trop de théorie explicative et pas assez de pratique, trop de lecture et pas assez d'expérience, trop de discussion et pas assez de recueillement, alors l'effort est vain. *Équilibre et silence vont de pair.* L'un complète l'autre et lui confère sa pleine valeur. Note attentivement ces remarques et insiste sur leur importance.

« Je t'ai parlé de l'aspect intérieur du silence, mais le silence, comme toute loi ou notion initiatique, a un aspect extérieur qui équilibre. « Ne disperse pas tes pensées en paroles inutiles. » proclame la sagesse égyptienne. Savoir se taire est une force dans tous les domaines, y compris et d'abord dans le domaine de la spiritualité. La qualité de cherchant ou de mystique ne peut être attribuée à ces bavards incapables de maîtriser le flux de leurs paroles, voire leur causticité et qui vont leur chemin désordonné, remplis d'aise devant la contemplation d'eux-mêmes, volant de l'un à l'autre et puis d'autres encore pour parler de tout, de rien et surtout d'eux-mêmes, de leurs opinions et de leurs jugements parfois sans appel, satisfaits de se supposer au courant de tout et de le montrer. Que dire aussi de ces êtres étranges, toujours à l'affût de ce qu'ils croient naïvement scandale et des imperfections de leur prochain, qui se perdent en vaines paroles sur les uns et les autres dans une fausse attitude offusquée, alors que la joie de médire ou de calomnier les inonde et qu'ils oublient la poutre qui les aveugle ! Ceux-là ne sont pas des cherchants ou des mystiques et ils ont à apprendre — et durement — qu'on ne viole pas, sans grave conséquence pour soi-même, la divine loi d'amour.

« Le silence ! En toutes circonstances, il doit être la loi de l'homme et naturellement, au premier chef, la loi de l'initié. Il implique que l'initié doit dissimuler son état et sa qualité devant qui n'est pas à même de les comprendre ou chez qui une telle révélation n'aurait d'autre effet que susciter la curiosité ou une forme de culte personnel. L'initié véritable ne cherche pas à paraître tel, sauf devant qui peut le connaître et se mettre en résonance complète avec lui. À tous les autres, y compris aux disciples incapables d'évoluer au-delà des apparences, il s'efforcera d'apparaître sous un aspect purement profane, il exagérera même celui-ci pour décourager qui n'est pas préparé et il agira ainsi jusqu'à ce que, percevant, à travers l'écran dressé devant lui, la vraie nature de l'initié et établissant ainsi le lien mystique avec celui-ci, il soit prêt pour une communion que l'initié sait reconnaître et dont il accroîtra alors, à l'extrême, l'intensité. Telle est la forme que prend, pour *l'initié*, la loi du silence et, à un degré moindre, cette même loi s'applique à l'état de disciple. Le disciple plus avancé, s'il l'est vraiment, ne cherche jamais à apparaître tel à celui qui l'est moins. Il se porte, au contraire, au-devant de son frère et il se met à sa portée. Il ne cherche pas à être compris, il s'efforce de comprendre. Il ne veut pas être admiré, il ne veut pas, dans un orgueilleux "paraître", sembler dissimuler ce qu'il ne peut révéler sans dommage à qui est moins avancé sur le sentier. Il aide les autres à mieux comprendre le degré qu'ils ont atteint eux-mêmes et non le niveau auquel, lui, est parvenu. C'est là la forme que revêt, pour le cherchant et le disciple, la loi du silence.

« Du point de vue pratique, le silence intérieur s'atteint plus facilement par le son vocal OM. Écoute, sur les mystères de OM, une grande leçon. Elle t'est donnée par un maître oriental dans les termes mêmes employés par lui et il est possible que tu aies déjà eu accès à sa haute sagesse.

« Notre journée consacrée commence avec OM. Nous la clôturons également par l'intonation prolongée du mot mystique OM, suivi d'une méditation. OM est décrit comme le commencement, le milieu et la fin, non seulement des Écritures, mais de toutes choses dans la création. Des écritures sacrées, comme les Vedas, commencent par OM et finissent toutes par OM. Il n'y a pas un mantra, un rituel ou un culte qui ne soit lié d'une manière ou de l'autre à la syllabe sacrée OM. Elle est la vie et l'âme de toutes les formes et de tous les noms. On a donc pu dire : « En répétant la syllabe sacrée OM, on répète toutes les Écritures du monde entier. » Et c'est d'ailleurs ce qu'assurent les *Mandukya Upanishad* : « OM est en toute vérité le commencement, le milieu et la fin de tout. » En connaissant OM comme tel, on atteint, sans aucun doute possible, cette unité avec Dieu. « Au commencement était le Verbe et le Verbe était avec Dieu et le Verbe était Dieu. » dit aussi la Bible. Combien ces paroles concernant le Verbe sont frappantes et créatrices de joie ! Et OM, la syllabe mystique, n'est autre chose que le symbole du Verbe.

« On peut dire : « Pourquoi ne serait-ce pas Christ ou Krishna, Rama ou Zoroastre, Bouddha ou Mahomet, X ou Y ? Pourquoi est-ce la syllabe sacrée OM seule ? » La réponse, la voici : OM est le son le plus simple, le plus naturel, celui qui embrasse tout, au point même que le muet et le sourd peuvent le prononcer. C'est le mot employé dans toutes les religions, sous une forme ou sous une autre et c'est un mot exprimé dans toutes les langues. OM, Amen, Ahmin : tous se réfèrent au plus haut état de conscience de la vérité. Quand vous répétez Rama, Krishna, Bouddha, Christ, Mahomet ou Zoroastre, ce sont de saints noms, c'est-à-dire qu'ils représentent Dieu sous diverses formes personnifiées. L'aspect universel, cosmique, de Dieu, qui est sans forme, qui ne change pas et qui est sans cause, est indiqué par OM seulement.

« Pour réciter OM, aucun effort n'est nécessaire. On peut le réciter sans le moindre exercice. Souvent, il s'exprime de lui-même. Nous voyons l'enfant le répéter quand il est heureux. Toute personne malade et tous ceux qui souffrent le répètent inconsciemment, comme s'il leur procurait quelque soulagement. La répétition peut ne pas être exactement OM, mais avec une légère variation, elle ressemble à OM.

« Dans le Chant Céleste de la *Bhagavad Gîta*, le Seigneur Krishna dit : « Ceux qui méditent sur la syllabe mystique OM, oubliant tout le reste, auront en peu de temps la perception de Dieu. » Il dit encore : « En répétant OM, la seule syllabe éternelle et en méditant sur Moi, celui qui fait cela, abandonnant son corps, atteint les hauteurs bénies d'où il n'y a pas de retour. »

« OM n'est pas un simple mot commun. C'est un mot mystique, un mot puissant, avec une force cachée et une énergie latente. C'est un mot qui donne la vie et qui éveille l'âme. En répétant OM, on constatera qu'il vient des profondeurs mêmes de l'être et s'écoule de toutes les cellules. C'est un mot qui ne peut jamais être séparé de la vie. Le fait le plus étonnant, qu'on y croie ou non, qu'on le sache ou non, c'est que le mot mystique OM s'exprime, se manifeste toujours à travers nous, mieux, à travers toutes les créatures et les sons de la terre.

« Dans la respiration elle-même, il y a Soham opérant jour et nuit. "SO", quand on inspire et "HAM" quand on exhale. Dans SOHAM, les consonnes S et H — H avec A, c'est-à-dire HA pour faire le son complet — représentent le monde grossier, matériel, et la voyelle O et le son nasal M représentent l'Esprit ou Vérité. Dans ce mot, il y a OM coulant dans le souffle, proclamant inconsciemment et d'une manière incessante, à chaque respiration : « Je suis la Vérité, je suis la Divinité, je suis le Souffle Universel, le Un sans second. Je suis le Tout en tout, la Présence immanente en chaque cœur, aussi bien que la création tout entière. » Écoute, reconnais et sois silencieux ! OM... OM... OM...

« L'essence du message est que OM est le symbole de l'Énergie Divine, de la Présence Interpénétrante. Comme tel, il ne peut être confiné à un individu ou à une religion. Il est l'héritage de tous les enfants de Dieu, de l'humanité tout entière. Consciemment ou inconsciemment, il s'exprime, se manifeste dans nos pensées, nos paroles et nos actes. La Paix infinie — l'équilibre éternel — et le pouvoir sans limite seront les nôtres quand nous pourrons reconnaître toute sa signification et sa valeur consciemment et nous accorder, nous mettre en harmonie avec le mot sacré à chaque instant de notre vie, à la fois pour notre bien et pour le bien général du monde.

« Pour conclure sur ce sujet, je mentionnerai l'histoire de Kalinga Mardana, dans laquelle Krishna tua le serpent aux mille capuchons, telle qu'elle est rapportée par le Swami Rama Tistha. Krishna sauta dans le lac et se mit sur la tête du serpent en dansant et en jouant la Syllabe Sacrée sur sa divine flûte. Il ne s'arrêta de la jouer qu'après avoir écrasé tous les capuchons du serpent. Le serpent vicieux n'est pas autre chose, en réalité, que le mental. Les mille capuchons sont ses désirs, ses passions et ses tentations sans nombre, tels que la jalousie, la rancune, l'envie, la colère, le chagrin, la vanité, l'arrogance, l'égoïsme et autres défauts. C'est le moment pour nous d'agir comme le fit Krishna, de nous plonger dans le lac de nos êtres et de commencer à entonner le mot mystique OM, écrasant une passion après l'autre, en faisant danser nos pieds et chanter la flûte au rythme de la vie. Plus nous les écrasons, plus les passions s'élèvent. Cependant, avec une pratique persistante, nous sortirons sûrement vainqueurs, comme Krishna.

« Cela n'est pas une simple histoire à lire avec légèreté, mais un exercice pratique pour surmonter le mal, avec l'aide du bien et avec les vibrations sacrées de OM. C'est aussi une formule inspirante de penser que nos corps sont les flûtes et que si nous les vidons de toutes passions et de toutes idées de "mien" et "tien", le Seigneur Lui-même chantera à travers nous les chants célestes de Paix, d'Harmonie et de Bénédiction.

« Nombreux sont ceux qui se demandent si ce mot doit s'écrire OM ou AUM. En fait, ces deux formes sont identiques. OM est la fusion de trois sons élémentaires. A (comme dans "vocal"), U (comme dans "joue") et M (comme dans "aime"), A et U étant mélangés quand ils sont prononcés ensemble, selon la grammaire sanscrite.

« En répétant A, U et M séparément, on constatera que ces trois sons couvrent le cours entier de l'émission ou de la production sonore. A commence à la racine de la langue, à la plus basse limite de l'origine du son. U (ou) commence au milieu, dans la région proche du palais, et M vient de l'extrémité, du bout de la langue. En prononçant la syllabe entière, tous les organes vocaux viennent en étroite juxtaposition. OM est le son fondamental et original d'où sont sortis tous les autres sons du langage. OM est donc la matrice de toute parole.

« La chose la plus importante, c'est de comprendre la signification du mot OM. Les lettres, c'est-à-dire les sons A, U et M représentent les trois stades ou aspects du monde, tels que :

A	**U**	**M**
Brahma	Vishnu	Shiva
Père	Fils	Saint-Esprit
État de veille	Rêve	Sommeil
Corps	Mental	Esprit
Matière grossière	Subtil	Existence causale
Passé	Présent	Avenir

« Dans tous ces triples aspects, nous voyons comment A, U et M couvrent toute notre vie sur tous les plans. Si l'on connaît le mot mystique OM, on sera à même de connaître, de la manière la plus naturelle, le mystère de Dieu, car le mot mystique conduit directement en la présence du Dieu Universel.

« Il a été dit ci-dessus que la lettre A représente l'état de veille, c'est-à-dire le monde grossier des phénomènes ; que la lettre U représente le monde du rêve, le monde de l'imagination et de la chimère, et que M représente l'état profond et inconscient du sommeil, le monde inconnu. Mais il y a un quatrième état au-delà de ceux-ci. Comment est cet état de superconscience représenté par OM ? Alors qu'on répète OM, le son résultant de la répétition du mot mystique conduit au quatrième état, à celui de la conscience cosmique. Donc, en répétant OM, en passant par A, U et M, l'état de veille, l'état de rêve et l'état de sommeil, à la fin de chaque répétition, on en éprouve et on en connaît en silence les effets merveilleux en atteignant, comme le résultat le plus remarquable, le Quatrième Stade. Le son résultant de la répétition OM conduit donc au plus haut état de paix. C'est un état qui doit faire l'objet de la méditation et être compris dans le silence par intuition.

« À titre simplement indicatif, signalons que la répétition d'une syllabe, d'un mot sacré ou d'un mantra se dit, en sanscrit, *japa*.

« Pour le débutant, il est utile même de répéter simplement OM, OM, OM... pendant quelques minutes, deux fois par jour ou, plus spécialement, à l'aube et au crépuscule, ou selon sa convenance. On doit s'asseoir, seul, dans une posture commode, en gardant la partie supérieure du corps bien droite. On peut choisir une pièce, ou bien aller en un lieu d'une beauté naturelle, une colline ou un bord de rivière, par exemple, ou encore une plage. À mesure qu'il évolue, le mystique doit comprendre qu'il y a deux autres manières de réciter le mot. Tout d'abord, quand on prononce le nom de Dieu, OM, avec la bouche, on commence à sentir un état extatique et, au lieu de le prononcer à haute voix, on aime à le dire avec les lèvres d'une manière silencieuse. Ensuite, en continuant, on entre dans un tel état de joie qu'on ne souhaite même plus faire remuer les lèvres. Le moindre mouvement est une contrainte, un effort pénible. Alors, automatiquement, la répétition avec les lèvres cesse aussi. Puis vient le dernier état de répétition avec le souffle. On inhale OM et on exhale OM, la Lumière des lumières, avec chaque haleine. Ensuite, on ne le répète plus, même en pensée. On a seulement conscience de OM, de la Présence qui se répète déjà dans chaque respiration.

« Alors qu'on suit OM dans chaque respiration, avec aucune autre pensée ou vague dans l'océan de l'Existence, de la Connaissance et de la Joie absolue, on atteint ces hauteurs bénies où il n'y a plus ni inspiration ni exhalaison, mais seulement l'irradiation de la splendeur de millions de soleils. Naturellement, pour les débutants, il est difficile de sentir la Présence dans le souffle, mais pour ceux qui sont avancés, pour ceux qui se sont donnés à Dieu, rien n'existe que Dieu. Même dans leur sommeil, ils connaissent la Présence, le Soham, le OM à jamais présent. Il est encore nécessaire, avant de commencer la répétition de OM, de comprendre la signification de OM et de s'identifier avec son essence. L'essence est : « Cela tu es. » Dieu, ou OM, n'est pas séparé ni éloigné de vous. Vous êtes une partie, une parcelle de Cela, Cela qui existe est Un et Cela tu es. Ce qui est le plus important avec la Lumière des lumières, la Présence interpénétrante, qui imprègne l'univers aussi bien que soi-même.

« La seconde méthode est celle indiquée dans l'analyse du mot OM. En entonnant OM, on commence avec le A, en prolongeant le son aussi longtemps qu'on le peut, puis on passe à U et finalement à M. En fait, les sons A et U forment comme un seul son continu de O, comme le bourdonnement d'un instrument musical. Le chant doit être aussi long que possible, sans effort pour celui qui le fait. Le son M final doit se prolonger dans le silence. Couvrant ainsi l'état de veille, l'état de rêve et l'état de sommeil, le son conduit finalement à l'État Transcendantal, grâce au silence produit par l'intonation de A, U et M. Il faut alors demeurer dans ce silence sans vagues après le son M, aussi longtemps qu'on le peut et puis recommencer avec A, U et M qui conduit au silence chaque fois qu'on le chante et est finalement suivi par une profonde méditation. En chantant A, U et M, on s'élève au-dessus du passé, du présent et de l'avenir, et le facteur qui en résulte conduit à l'état de la quatrième dimension, celui de la Conscience Cosmique, le but de la naissance humaine. Dans cette répétition de la syllabe entière AUM, tous les organes vocaux sont touchés et elle couvre le cours entier de l'émission en production sonore. C'est pourquoi on a dit qu'en répétant OM, on récite toutes les Écritures du monde.

« Deux méthodes importantes et utiles ont été ainsi expliquées jusqu'à présent, le OM pour la méditation profonde, grâce à la bouche, les lèvres et la respiration, et le AUM pour le chant à voix haute, en prolongeant les sons A et U avec le M final chanté aussi longtemps qu'on le peut. Il y a une autre méthode qui est utile pour maintenir le flux incessant de conscience divine au milieu du travail, du jeu ou du repos. Tout le monde aime la musique, d'une forme ou d'une autre. Quand on est heureux, on commence à chanter un morceau, consciemment ou inconsciemment. Il y a dans toutes les langues nombre de chants populaires qui attirent l'esprit et inspirent l'âme elle-même. On peut substituer, à certains mots, les mots "OM, OM" ou les ajouter sur le ton que nous voulons et nous pouvons le faire avec n'importe quel chant. La chose importante, en chantant rythmiquement OM sur quelque ton que ce soit, c'est de permettre aux sens, au mental, à l'intellect et au Moi de se fondre dans la Vibration Universelle, dans l'unité de l'Unique et Indivisible Vie. Il faut sentir, sentir d'une manière extatique qu'on se fond dans le Dieu Unique, dans la Paix éternelle, dans Sa lumière et dans Son Amour.

« Toutes les méthodes de répétition de OM conduisent à la méditation et au silence, avec pour point final l'État de Conscience. Mais dans la méditation élevée, méditation signifie concentration de pensée sur OM, d'une manière spécifique, au-dedans et au-dehors. On doit observer la Splendeur Lumineuse qui émane de OM et fermer les yeux, penser que OM n'est plus à l'extérieur de nous. Il est en nous. On est cet OM. Le corps lui-même est l'aspect physique de OM. Des cheveux aux orteils, on est la figure OM, la manifestation de OM. Écoute : il y a le croissant sur le sommet de la tête. Dans ce croissant, il y a le Soleil des Soleils, brillant dans toute sa splendeur. En s'identifiant ainsi avec le mot mystique OM, on médite sur la grande signification qui est Vie, Lumière et Amour. Il faut chanter à haute voix le mot OM et, à mesure qu'on s'absorbe en lui, le chanter seulement avec les lèvres et, finalement, d'une manière inaudible, en sentant l'essence au-dedans de soi. Il faut sentir, en inhalant, qu'on absorbe en soi tous les rayons de lumière, les répandant et les irradiant, près et loin, sur le monde entier avec chaque respiration. Quelle merveilleuse pensée ! On doit pratiquer cette méditation surtout aux premières heures de l'aube, face au soleil levant, et à l'heure du crépuscule, face au soleil couchant. Tout comme les rayons se fondent dans le soleil au moment du crépuscule, on laisse aussi le monde se fondre en soi, alors qu'on s'absorbe dans la méditation profonde.

« Pour une méditation encore plus haute, il faut méditer sur le sommet de la tête, où est la Lumière Infinie en soi, au-dehors de soi et tout autour. Là, il n'y a ni répétition ni chant de OM, même mentalement. Il n'y a ni inspiration ni expiration. Dans la lumière des lumières, dans le plus haut centre, au commencement on sent simplement une petite pression. Alors qu'on se fond davantage, même cette sensation disparaît. On ne sent rien que Cela. C'est là l'ultime signification, l'ultime valeur du mot mystique OM, l'Infini, l'Éternel, l'Incompréhensible Splendeur de Millions de Soleils.

« En conclusion, je citerai mon expérience personnelle et donnerai ma propre méthode de répétition de OM. Avec seulement trois répétitions de OM, je me sens élevé aux hauteurs bénies de la conscience spirituelle. Avec le premier OM, je m'efforce de m'harmoniser, de m'accorder au passé, au présent et à l'avenir, à l'unique vibration incessante. Avec le deuxième OM, je m'efforce de m'élever au-dessus du temps, de l'espace et de la causation. Chacun, cependant, saura utiliser, après expérience, sa propre voie.

« Toutes ces méthodes de répétitions et de chants de OM conduisent à cet État Transcendantal où la respiration conduit au Non-Respir, le son ou vibration OM menant au grand Vide du Silence sans vague, à la Paix Profonde qui dépasse toute compréhension, qui n'est pas compréhensible à l'esprit mortel et fini et ne peut l'être qu'à la Vérité Infinie, Éternelle et Immortelle au-dedans de nous, car elle est l'Un sans second, étant Toute Connaissance et Toute Sagesse Elle-même.

« Puisse OM, le souffle de vie dans l'individu et le souffle universel dans la création, bénir tous les disciples de la Vision Universelle dans laquelle le monde entier est simplement Souffle de Dieu. »

Lorsque je reviens à moi, le maître n'est plus là et je retourne à la terre. Au fur et à mesure que je me rapproche de l'état de conscience objective, le message intuitif revêt la forme compréhensible de pensées et de mots que je transcrirai aussitôt "arrivé" pour n'omettre rien de ce que j'ai reçu.

LE MYSTIQUE MODERNE

Mon intention a été surtout de montrer à mes lecteurs qu'il est possible, par l'harmonisation avec le Soi, d'obtenir tous les éclaircissements souhaitables sur quelque problème que ce soit et ce que j'ai pu apprendre, chacun, par lui-même, y aurait eu accès dans une communion cosmique bien conduite, que ce soit avec la construction mentale d'une cathédrale cosmique ou de quelque édifice, ou par la visualisation décrite dans cet ouvrage. Ce livre a donc surtout une valeur d'exemple, en désignant le chemin à suivre pour parvenir à une source riche de connaissances infinies.

J'ai demandé, dans une méditation, à être éclairé sur la condition du mystique dans le monde moderne et je me suis longuement préparé à ma communion. Dans un monde en bouleversement, en transformation et, plus exactement, en mutation, peut-on encore admettre que le mysticisme — c'est-à-dire l'aspiration à plus de spiritualité — ait sa place ? L'humanité a longtemps paru en proie à une soif grandissante de jouir de la vie dans ses multiples aspects et l'on a cru qu'elle se sentait concernée désormais par les seules satisfactions matérielles. C'est du moins ce que pensaient beaucoup, ce qu'a écrit la presse et ce qu'ont proclamé bien des émissions radiophoniques ou télévisées. Or, ce n'est là qu'apparence.

L'homme, c'est vrai, se meut dans un milieu nouveau, dans des circonstances différentes. Il connaît une civilisation matérielle infiniment plus avancée qu'à une date relativement récente et quelques décennies ont suffi pour que ce résultat soit atteint et que l'humanité évolue dans ce décor nouveau. Ceux qui savent que l'ère du Verseau a succédé à l'ère précédente des Poissons ne s'étonnent pas des changements intervenus et des transformations en cours ou de celles qui viendront encore. Ils constatent que l'acte suivant a commencé, mais ils n'ignorent pas que les personnages, eux, resteront les mêmes. La pièce avancera vers de nouveaux développements, sans que les rôles changent. Assurément, les réactions au décor dans lequel s'agite l'humanité sont nécessairement différentes du passé. Du point de vue physique et intellectuel, l'homme se situe à un degré considérablement plus élevé. Progressivement, mais rapidement, il s'est mis, à cet égard, au diapason de l'ère nouvelle.

Cependant, le rythme d'existence auquel s'accoutume l'humanité pour son cycle plus avancé *n'est pas encore assez compensé* par la compréhension spirituelle voulue par ce rythme. On pourrait dire que l'homme, actuellement, possède un corps d'adulte et une âme d'enfant. Il a grandi matériellement sans se développer intérieurement et le déséquilibre persistera aussi longtemps qu'une compréhension adaptée à l'ère nouvelle ne s'épanouira pas en l'homme. Les conceptions précédentes sont dépassées et ne sont remplacées par rien pour la masse. Aussi, tout semble remis en question et ce ne sont pas d'hâtives réformes de structures mortes qui favoriseront le retour à l'équilibre. Ce retour ne sera obtenu que par des structures *nouvelles* inspirées par l'ère *nouvelle*. Du passé, naturellement, subsistera ce qui est permanent, ce qui constitue la note commune à toutes les ères et ce permanent, cette note commune, ce sont les principes fondamentaux, aspects diversifiés de la loi unique, qui sont à jamais à la disposition de l'homme pour lui permettre d'accéder à la connaissance, à la véritable maîtrise de la vie. C'est pourquoi des religions disparaîtront ou se transformeront au point d'être méconnaissables : elles sont exotériques et cette échéance est naturelle car elles subissent la loi du monde extérieur. En revanche, ce qui ne changera pas, ce sont les écoles traditionnelles, car elles sont ésotériques et non sujettes aux influences externes, *sauf* dans leur manière de transmettre, de former, d'initier, qui évolue avec le milieu où ces écoles doivent opérer afin de mieux y remplir leur mission. Autrement dit, la connaissance est inaltérable, mais sa formulation et la technique adoptée pour la perpétuer tiennent compte des conditions extérieures.

Précisément, ce sont particulièrement les écoles authentiques de mystères qui sont à même d'amener l'homme à une compréhension véritable et de rétablir ainsi en lui l'équilibre rompu par son inadaptation à l'ère nouvelle car, je l'ai dit, son intérêt pour les seuls satisfactions matérielles n'est qu'apparent. Si cet intérêt est ou paraît aussi exclusif, c'est que l'homme voit s'engloutir avec le temps tout ce qui constituait pour lui un refuge qu'il supposait indestructible et tout ce qui, à ses yeux, possédait une inaltérable valeur. Autour de ce qui pouvait particulièrement l'aider, c'est-à-dire autour des organisations traditionnelles représentant la connaissance permanente, une véritable conspiration du silence s'était longtemps instaurée, entravant leurs efforts pour faciliter l'accès de l'homme à un stade plus élevé en lui dispensant l'enseignement nécessaire à une compréhension adaptée au cycle nouveau. Ces organisations, grâce à leurs efforts et une persévérance exemplaire ont poursuivi leur mission, et même avec courage ont surmonté les épreuves, de nombreuses attaques et des calomnies dégradantes.

Le mysticisme — autant que jamais — a donc, bien compris dans son sens véritable, son rôle fondamental à remplir. Il est un ensemble de connaissance et d'expérience : une connaissance et une expérience incluant tous les aspects de l'existence et n'impliquant aucune frustration et aucun renoncement au monde, mais au contraire, une participation totale. La question de la condition du mystique dans le monde moderne mérite ainsi la plus grande attention et une harmonisation avec le Soi peut être éclairante. Écoutons le maître.

> « Tu as déjà longuement réfléchi au sujet que tu désirais approfondir dans ta communion cosmique et tu as écrit les conclusions auxquelles tu étais parvenu de toi-même. C'est une bonne méthode, car ta visualisation en est facilitée et elle est à recommander à ceux qui, comme toi, recherchent plus de lumière dans un contact spirituel. En jetant sur le papier, au gré de leur pensée, les conceptions déjà acquises dans leur queste mystique, ils établiront les bases d'une visualisation efficace. Ils seront pour ainsi dire "mis en condition" pour la communion cosmique et leur être tout entier y sera préparé. Ce n'est pas une obligation, c'est *une recommandation* destinée à rendre plus aisée leur venue ici et plus perceptible le message qu'ils y recevront.
>
> « Je dois t'entretenir du mysticisme moderne. Tu as souligné la permanence du mysticisme au cours de toutes les ères et de tous les cycles cosmiques. En une autre occasion, tu avais appris que dans l'ère nouvelle, il occuperait une place de premier plan et qu'il serait beaucoup plus répandu qu'auparavant parmi les hommes. Tu en as conclu avec raison que, dans ce rôle prépondérant, il inspirerait les manifestations extérieures de la pensée

et des activités religieuses destinées à la masse, à ceux qui n'ont pas encore atteint le stade d'une adhésion totale au mysticisme pur. Il est vrai, en effet, que les organisations traditionnelles seront de plus en plus connues et admises par tous, mais cela ne signifie pas que tous devront être admis dans leur sein. Un nombre beaucoup plus considérable le sera. Les "initiables" sont désormais extrêmement nombreux et ils le seront plus encore sur toute la surface de la terre. Pourtant, ils seront toujours une minorité — aussi importante soit-elle — dans l'humanité en évolution et, par minorité, j'entends naturellement une élite. Cette élite influencera efficacement — plus qu'elle ne l'a jamais fait — le monde profane. Étant maintenant reconnue, elle sera davantage écoutée et, en bien des cas, ses explications — voire ses avis — seront suivis. Sachant l'existence des écoles de sagesse, quiconque se sentira "prêt" s'approchera sans crainte et sans réserve de leurs portails. Sans aucun doute, ces écoles auront encore à se défendre contre les insidieuses attaques de l'ombre, mais elles sont le canal élu pour la dispensation de la connaissance et de l'initiation, et rien de ce fait ne prévaudra contre elles.

« La condition du mystique moderne est fonction de cette situation nouvelle. Il n'est pas séparé des hommes. Il vit et s'exprime au milieu d'eux. Le monde reste le laboratoire où il expérimente et applique les grands principes que lui révèlent ses études traditionnelles. Le mystique s'efforce de devenir un être total. Rien de ce qui concerne le monde ne lui est étranger. Il s'intéresse à l'univers entier, au visible comme à l'invisible, à la science et à ses efforts comme aux expressions les plus diverses de la pensée philosophique et religieuse. Il suit sa voie personnelle et édifie sa propre compréhension en respectant celle édifiée par d'autres, sans cependant en être influencé le moins du monde et sans porter de jugement ou chercher à convaincre qui ne peut être convaincu.

« Le mystique moderne se souvient à chaque instant qu'il y a en tout être une double polarité — l'une positive, l'autre négative — et que lui-même en est marqué, puisque sans cette double polarité, aucune existence ne serait possible, le troisième point — la manifestation sur le plan matériel — ne pouvant être que si les deux autres sont. La polarité positive, ce sont les qualités, les talents, les possibilités constructives. La polarité négative, ce sont les défauts, les limites physiques ou intellectuelles, les tendances destructrices. Chacun, en fait, a les défauts correspondant à ses qualités et cela est inéluctable. Le mystique comprend ainsi qu'il ne doit pas juger. Si la polarité négative d'autrui le gêne ou le surprend, il sait que sa propre polarité négative peut autant gêner ou surprendre les autres. En outre, le cosmique étant tout et en tout, cette double polarité y est incluse aussi et ce qui est désigné comme défaut ou imperfection n'est, en dernière analyse, qu'une déduction d'un raisonnement limité, car cette double polarité est au service de l'homme pour son évolution, pour son épanouissement intérieur et pour son ultime prise de conscience.

« La qualité fondamentale du mystique est donc d'être lui-même. Il ne cherche pas à dissimuler hypocritement sa polarité négative pour ne déployer aux yeux du monde que sa polarité positive. Il sait que les plus grands maîtres possèdent eux-mêmes cette double polarité aussi longtemps qu'ils sont incarnés et que c'est en restant eux-mêmes qu'ils donnent aux autres la plus grande leçon et le plus bel exemple. En étant lui-même, le mystique est un être *complet*. Il s'épanouit en utilisant tous les moyens mis à sa disposition dans son incarnation. Il apprend cependant à utiliser sa polarité positive pour les autres et à garder *pour lui-même* sa polarité négative, et c'est en cela qu'il se différencie du profane. La polarité négative est une aide considérable pour lui. Elle l'incite à une humilité constante. Aussi loin qu'il ira sur le sentier de l'évolution, il restera conscient des limites que lui impose sa polarité négative et il sera humble parce qu'il se sait homme.

« Le mystique moderne, je te l'ai dit et j'y insiste, participe à la vie du monde. Il ne refuse pas les avantages d'une civilisation matérielle avancée. Progressant sur tous les plans, l'épanouissement de sa conscience s'opère dans le monde tel qu'il est puisque c'est ce monde tel qu'il est qui est son laboratoire, son champ de manifestation et d'expérience.

« Mais le mystique se conforme en toute occasion à la loi du milieu juste et bon. Il a donc pour règle la tempérance, le degré de celle-ci étant variable avec chacun selon ses caractéristiques propres, physiques ou autres, et le mystique, par principe, se connaît lui-même et sait ce qui, pour lui, est la voie du juste milieu. Les plaisirs sains de l'existence ne sont pas refusés au mystique dans cette condition fondamentale de tempérance telle que je l'ai définie. La vie pleine qui est la sienne inclut les joies de l'existence comme elle inclut ses peines. Il peut se distraire, rire et danser avec autant de sincérité et de vérité qu'il travaille, médite et prie. Il est vrai de dire qu'un saint triste est un triste saint. Le mystique est *vrai* dans tout ce qu'il fait. Parce qu'il est, au premier chef, concerné par les grands principes universels, il n'adopte pas d'attitude compassée. Je le répète, il est lui-même aussi bien s'il est seul qu'en présence des autres. Il est le reflet de l'universalité et l'universalité comprend les plus hautes envolées mystiques comme les expressions les plus inférieures de la vie quotidienne.

« Le mystique est ainsi à tous égards un *exemple* tout en retirant de l'existence, de la vie en société, l'expérience nécessaire à une compréhension de plus en plus grande d'où jaillira une prise de conscience sans cesse plus étendue. Il est certainement différent des autres, en ce sens qu'il n'est pas préoccupé *seulement* par la vie matérielle, mais par l'ensemble cosmique tout entier. De même, il ne peut agir en matérialiste et, dans sa manière de vivre et de se distraire, il reste un mystique qui accorde à son être physique les satisfactions dont celui-ci a besoin sans jamais se laisser entraîner à de dangereux excès. Ce faisant, il démontre que le mysticisme est accessible à beaucoup, qu'il ne nécessite pas une vie anormale à l'écart des exigences de la société et qu'au contraire, il implique une existence aussi totale que possible, infiniment plus active et universelle que celle du profane, intéressé uniquement par l'aspect matériel de la vie.

« Après avoir considéré le comportement du mystique dans le monde moderne, il convient de souligner que ce comportement, fait de participation, de tolérance, de sincérité et de vérité, a son origine dans la formation que reçoit le disciple sur le sentier et dans l'épanouissement de la conscience qui en résulte pour lui. Il serait juste d'affirmer que la vie extérieure, sociale, du mystique est la polarité négative de son état, sa vie intérieure, initiatique, en étant la polarité positive et l'on retrouverait ainsi, appliquée à l'existence mystique, la grande notion de polarité en même temps que celle, si importante, d'équilibre.

« Le mystique moderne, comme celui du passé, a son *oratoire* où il acquiert progressivement la connaissance, où il reçoit sa formation initiatique, où il s'éveille et où il communie avec l'ensemble cosmique. Il y établit les bases de son évolution, il y apprend le pourquoi et le comment des choses, il y devient un être cosmique. Sa conscience s'épanouit, sa compréhension s'étend et, revenu au *laboratoire* qu'est le monde pour lui, il expérimente la connaissance acquise, le degré de sagesse réalisé. Dans l'ère nouvelle, la vie strictement monacale et contemplative est révolue. Plus exactement, elle doit s'ajuster aux conditions nouvelles. La prise de conscience ne s'accomplit pas en dehors du monde, elle est réalisée *dans* le monde, *au milieu* des hommes.

« Souviens-toi surtout de la loi d'équilibre chaque fois que tu réfléchiras à la vie mystique et souviens-toi aussi que le mystique ne doit pas ignorer le milieu dans lequel il vit. Il doit y participer, car c'est le cadre où s'opère son évolution. Souviens-toi enfin que le mystique est un être libre qui n'accepte aucune influence autre que celle de son propre raisonnement éclairé par la connaissance et l'évolution acquises par lui. Participation au monde, humilité, tempérance, liberté... Souviens-toi. »

En recouvrant la conscience objective et en prenant place à mon bureau pour donner une forme compréhensible au message informulé dont mon être avait été imprégné, les derniers mots du maître retentissaient à mes oreilles avec une force de plus en plus puissante et c'est avec joie que je les ai transmis.

L'ÉVOLUTION SPIRITUELLE DE L'HUMANITÉ

C'est de la manière la plus simple possible que je vais vous entretenir de la question des maîtres de la haute invisibilité. Avec des mots sans recherche et des exemples faciles, je vous conduirai à une compréhension véritable de ce que sont les maîtres, de leur mission et de leurs actes dans ce mécanisme si parfaitement ordonné qu'est l'univers dont notre monde lui-même est un maillon. Peut-être ce que je vous révélerai mettra-t-il fin, pour quelques-uns, à une conception mythologique de ces grands êtres réalisés, mais il vient un temps, dans la vie mystique, où la fable doit laisser place à la réalité, celle-ci, d'ailleurs, dépassant toujours la fiction. En tout cas, au moment où j'écris ces lignes, je sais que les frères aînés que sont les maîtres approuvent ma tentative et où me sentirais-je mieux pour parler d'eux que sous leur bienveillante conduite et sous leur inspiration.

Ainsi, suivez-moi dans le royaume du silence intérieur et contemplons ensemble un horizon de l'universel infini : celui des maîtres de la haute invisibilité. Qui sont-ils ? La réponse est simple : ce sont des êtres qui, après avoir connu l'abîme des épreuves, après avoir franchi la douleur du manifesté, sont parvenus à dominer *consciemment et sciemment* les innombrables écueils de l'humaine existence.

En d'autres termes, ils ont retiré tout le fruit des expériences de la terre, et ainsi leur conscience s'est épanouie au degré de la conscience cosmique de sorte que, n'ayant plus rien à apprendre de la vie physique, le cycle proprement dit de l'incarnation est terminé pour eux. Ils appartiennent désormais à un niveau de conscience infiniment supérieur à celui de l'homme moyen et ils ont acquis, dans l'immense collège universel, une position éminente les faisant participer d'une manière plus active encore au fonctionnement de ce collège dans lequel *ils ne sont plus des élèves, mais des instructeurs.*

Qu'est-ce que cela signifie ? Tout simplement que les maîtres ont franchi une barrière, d'élèves ils sont devenus maîtres, mais cela ne signifie *en aucune manière* que leur évolution — leur total retour — soit achevé. Ils sont infiniment plus que le plus évolué des humains, mais par rapport à la phase suivante, *ils sont des néophytes.* Certains pourront être surpris de cette assertion et pourtant, elle est vraie. Toutes les lamentations de ceux qui considéraient les maîtres, à leur grand mécontentement d'ailleurs, comme des dieux, ne changeront rien à cette vérité fondamentale. Je reviendrai sur ce point à l'occasion.

Il n'en reste pas moins, bien sûr, que la place des maîtres par rapport à nous est éminente, parfois difficile à concevoir par nos cerveaux humains et bouleversante dans sa relation avec notre plan. Songez simplement aux épreuves qui ont déjà pu être les vôtres, considérez que ces êtres supérieurs les ont connues, en ont traversé de beaucoup plus torturantes dans ce monde même où nous sommes et que tout a été en définitive assimilé, compris, dominé par eux depuis un temps souvent fort reculé. Vous vous inclinerez alors avec respect devant leur mérite et avec vénération devant la lumière acquise qu'ils représentent, car après tout, *nous* sommes encore là et eux ont *à jamais* dépassé ce stade. Peu importe donc ce qu'ils ont encore eux-mêmes à acquérir, car ils sont pour nous l'exemple à suivre, l'idéal à atteindre et, du point qui est le leur, leur immense désir est de nous voir y parvenir avec succès et rapidement.

Revenons donc à notre exemple du collège dont nous sommes encore des élèves, alors qu'il y a plus ou moins longtemps, certains, ayant obtenu les "diplômes" nécessaires, d'élèves sont devenus ces instructeurs que notre terminologie reconnaît sous le nom de maître. Dans ce collège, nous appartenons à des classes différentes qui sont fonction de l'évolution déjà acquise et de ce que l'existence humaine doit, cette fois-ci, nous apprendre. Aucun d'entre nous n'est semblable à l'autre, mais tous, nous sommes réunis par certaines tendances, certaines affinités qui nous assemblent dans certains groupes spirituels. Du point de vue de notre évolution spirituelle, il importe peu que nous occupions telle profession ou telle autre, habitions ici ou là, connaissions l'aisance ou la privation. *Ces conditions sont fonction de la loi de compensation karmique à partir de laquelle s'opère toute progression.* Mais, dans quelque circonstance que ce soit, des événements identiques en essence sinon en nature vont se produire dans notre vie. Ces événements, dans leurs conséquences sur nous et en nous, constituent les expériences grâce auxquelles de nouvelles étapes seront franchies *dans notre prise de conscience universelle.*

Or, dans ce collège qui réunit *tous les hommes* depuis leur naissance, chacune des classes a nécessairement un instructeur et cet instructeur est un maître de la haute invisibilité. Ce maître dont la classe est formée d'élèves disséminés *sur toute la surface de la terre*, à travers toutes les races, dans tous les milieux et groupes humains, a pour mission essentielle de voir que chacun de ses élèves assimile de la bonne manière les leçons qu'il doit apprendre. Ces leçons ne sont pas celles du maître de la haute invisibilité. Ce sont, je le répète, *les leçons du karma* dont s'est chargé chaque élève, selon son propre comportement au cours des âges. Cela revient à dire que le maître n'interviendra *jamais* sur le cours de la leçon elle-même, car elle est *un profit* pour celui qui la connaît. En revanche, de bien des manières, il fera en sorte que les leçons soient comprises, il donnera les explications nécessaires, mettra l'accent sur un élément important de l'expérience et, au besoin, prodiguera l'encouragement ou le réconfort. Il arrivera aussi qu'il laissera l'élève appuyer la tête sur son épaule si l'abîme du désespoir lui semble avoir été atteint par lui, afin que de salutaires larmes ayant été séchées, la route puisse être reprise avec plus de force. *Jamais*, cependant, un maître n'interrompra une expérience en cours ou une leçon qui doit être apprise. Il ne le peut pas et, même s'il le pouvait, il ne le ferait pas car son rôle n'est pas de supprimer ce qui doit être éprouvé, mais *d'aplanir* le chemin de ses conseils, avec patience et compréhension, afin que l'élève traverse au mieux tout le degré qui est le sien.

Ainsi, dans notre monde, une catégorie d'hommes appartient à la "classe" la plus élémentaire. Cette catégorie est encore soumise à la seule loi hiérarchique sociale, nationale, humaine. Elle est le vaste creuset de l'existence générale où chacun s'affine au contact du monde et des autres. Elle est le royaume le plus bas d'où pourtant sortiront ceux qui avanceront vers une classe plus élevée. À ce niveau, aucun maître n'agit directement. Cette classe est à la charge de "surveillants", comme les classes maternelles de nos écoles. Ces surveillants sont les cadres visibles de notre monde, gouvernements, administrations, etc. Eux-mêmes, qu'ils s'en rendent compte ou non, sont sous la responsabilité *collective* du haut conclave des maîtres qui savent, indirectement par ce qu'ils inspirent en haut ou font naître en bas par une soif inconsciente de justice, diriger la masse et, par conséquent, la maintenir en progrès de telle sorte que, dans tous les temps et sous toutes les latitudes, elle constitue la forge où se façonnent ceux qui, ultérieurement, avanceront vers des grades plus élevés. La classe suivante est constituée par ceux qui ont une première prise de conscience. Du creuset collectif où ils se sont affinés, ils ont fait *un premier pas* vers la réalisation d'eux-mêmes. La conscience religieuse s'est faite jour en eux. Pourtant, ils sont encore à la charge de "surveillants" dont la mission est d'élargir cette prise de conscience initiale et cela se fera peut-être par l'une des grandes confessions religieuses existantes ou par le sorcier du village jusqu'à ce que, ce deuxième degré franchi, vienne l'ouverture sur la classe plus avancée du mysticisme, avec les premières questions fondamentales clairement posées à lui-même par l'élève. Alors, ce sera le début de *l'évolution consciente* et celle-ci se déroulera de la classe des "conscients initiaux" jusqu'à sa phase ultime à partir d'un enseignement quelconque, religieux, occulte, mystique ou autre pour lequel l'élève éprouvera une attirance particulièrement puissante.

Mais quelle que soit la branche à laquelle il appartient, à condition toutefois qu'elle soit sérieuse, traditionnelle et surtout reconnue d'en haut, il sera *également*, du point de vue spirituel, membre d'une classe dirigée maintenant par un maître supérieur. À ce niveau donc, peu importe le "cadre humain" de l'évolution, le maître responsable est le même pour une classe déterminée. Les mots sont imprécis pour de telles explications, mais avant d'aller plus loin, il est nécessaire que ces notions de base soient parfaitement assimilées.

Il doit être clair pour chacun que les maîtres sont parvenus à leur éminente situation spirituelle par des voies *différentes*. Tous, bien entendu, ont franchi avec succès les diverses "classes", mais chacun avec la "note" particulière de son évolution propre. Le clavier du piano est ici un bon exemple.

Toutes les possibilités d'évolution sont incluses sur ce clavier, c'est-à-dire qu'elles sont *infinies*, puisque c'est à l'infini que l'on peut varier les accords ou les compositions. Cependant, cet infini a pour fondement cet unique clavier et c'est ainsi qu'un "collège universel" peut être formé de "classes" réunissant une infinie variété d'éléments composants, le maître étant, en quelque sorte, la "note" fondamentale de la classe. Ainsi, le maître est en mesure de "comprendre" chacun de ses élèves. Naturellement, chaque élève demeure libre *dans la manière* dont il reçoit les leçons de sa propre existence. Il peut en retirer tout le suc ou, au contraire, avoir besoin d'expériences supplémentaires qu'il engendrera d'ailleurs lui-même. C'est dire que les élèves avanceront plus ou moins vite vers la classe supérieure et peut-être certains redoubleront-ils !

En tout cas, dès que toutes les expériences et leçons du maître auront été apprises d'une manière satisfaisante par un élève, celui-ci passera dans la classe suivante, c'est-à-dire sous la responsabilité d'un nouveau maître qui, pour des expériences plus élevées et une extension de conscience plus grande, agira de la même façon que le maître précédent, et ainsi de suite, tout au long des classes conduisant à la section terminale du programme en cours. Même dans ce sublime domaine de l'évolution spirituelle, admirez combien tout est magnifiquement ordonné. Pour le mystique, le maître est toujours là, invisible, mais attentif à sa haute mission. Celui qui sait voir, le reconnaît dans chaque phase de son évolution, même dans les moments les plus pénibles de l'humaine expérience. Aucun mystique, même le plus isolé, ne devrait jamais se sentir seul, *car il ne l'est pas*.

Toutes ces explications nous amènent à certaines conclusions importantes. La première est que *les maîtres n'interviennent pas dans le cours de nos petites activités journalières*. Ils ne sont pas là pour nous diriger à chaque instant dans les questions courantes qui sont du ressort de notre propre jugement. Ils ne se substituent pas à nous pour les responsabilités qui nous incombent, individuellement. Nous sommes doués de *tous* les outils nécessaires, physiques, mentaux et autres pour conduire notre vie et la conduire comme il se doit. Nul ne peut faire notre évolution à notre place, les maîtres moins que quiconque et c'est faire insulte à leur haute fonction que de ramener leurs sublimes responsabilités au train-train de notre existence quotidienne. Il est nécessaire de toujours différencier ce qui est *du domaine de l'intuition* de ce qui vient d'autres sources. En revanche, *la manière* dont nous accomplissons notre fonction d'homme dans le cadre qui nous a été imparti par la loi de compensation, les concerne au plus haut point, car cela est du domaine de leur responsabilité. Tout ce qui, dans notre existence matérielle, compte et a une incidence spirituelle les intéresse, car c'est notre réaction qui engendrera l'extension de notre conscience dont leur fonction veut qu'ils se préoccupent. Par conséquent, sans diminuer d'aucune façon l'expérience ou l'épreuve, le maître veille à ce qu'elle ait ses conséquences spirituelles.

Rien de ce que nous pouvons connaître en épreuves, joies, douleurs, satisfactions, etc. n'est inutile. *Tout a son origine en nous et tout, en dernière analyse, y revient.* Dans les moments particulièrement graves, lorsque malgré lui, souvent dans l'épreuve toujours salutaire, le cherchant connaît un état de tension proche de la parfaite concentration, le voile alors se déchire et le contact avec le maître est puissant, si puissant qu'un regain d'énergie afflue sur l'élève, le mettant à même de franchir victorieusement l'étape. Cela se produit si l'élève, loin de se replier sur lui-même en de vaines lamentations ou en une égoïste introspection, prend conscience de l'épreuve et tend tous ses efforts vers la solution. À d'autres moments, dans une période de calme communion intérieure, le maître fera connaître sa présence. De bien des manières, en bien des circonstances, pourvu que l'élève soit à même de s'en rendre compte, le maître sera là. À un élève particulier, il se fera toujours reconnaître *de la même façon.* Ce sera par un parfum de rose, par exemple, ou bien par un son, un signe ou d'une autre manière, mais aussi longtemps que l'élève sera dans la même classe, le *signe* sera le même. C'est là, toujours, un encouragement. Ce n'est pas autre chose et le maître ne donnera jamais un signe de sa présence s'il sent que l'élève en retirerait une incompréhension de ce que sont les maîtres et leur mission. Il le donnera *moins encore* s'il pense que l'élève risque de lui manifester une dévotion tournant au culte personnel, car de cela il ne veut à aucun prix et les progrès réels de l'élève en seraient gravement compromis.

Pourtant, le maître n'hésitera pas à donner cette forme d'encouragement à tous ceux qui sont à même de le comprendre et de l'apprécier à sa juste valeur. Il interviendra encore, en certains cas, si l'expérience rencontrée n'est pas nécessaire, si l'élève traverse une période courante de l'existence humaine, le décès normal, sans cause karmique pour lui, d'un être cher, par exemple, qui par manque de préparation ou de compréhension peut ne pas être supporté convenablement par l'élève, quoique la mort soit inéluctable sur le plan physique. Le maître pourra aussi intervenir pour éviter à son élève une expérience inutile, un accident, par exemple, ou tout autre événement n'ayant rien à voir avec une leçon à connaître en vue de l'évolution spirituelle. Le "service du maître" est vaste, mais il est accompli avec une perfection qui n'est pas de ce monde et que seul un être aussi réalisé peut atteindre.

Il est également un point d'une importance fondamentale : les maîtres reconnaissent chez leurs élèves les qualités nécessaires, ils peuvent évaluer leurs potentialités, *mais ils ne savent pas si ces élèves répondront à leurs espérances. Ils leur offrent des opportunités, mais ils ignorent si les intéressés les saisiront.* Il n'y a pas de prédestination sur le plan individuel, et les maîtres le savent mieux que quiconque. S'ils sentent une préparation spéciale, une possibilité particulière, immédiatement ils donneront à cet élève une chance, pour ainsi dire, mais ce sera à l'élève de prouver, par ses actes ultérieurs, que la confiance mise en lui était bien placée. La responsabilité des maîtres ne va pas plus loin que l'opportunité qu'ils ont ainsi donnée. Il va sans dire qu'ils sont les premiers à se réjouir de voir leurs espérances réalisées par un élève et qu'ils éprouvent de la tristesse devant la constatation d'un échec, mais ils n'ignorent pas qu'un tel échec est provisoire et qu'un moment viendra où l'élève se ressaisira et repartira vers le succès.

Au début de ce chapitre, j'ai mentionné que les maîtres étaient eux-mêmes des néophytes par rapport à ce qu'ils doivent encore accomplir dans la voie du retour. Il ne faut cependant pas oublier que la condition acquise par eux est une étape considérable et unique vers la réintégration. Rares, très rares sont ceux qui sont parvenus à cet état sublime où servir est la loi accomplie d'une manière *permanente*. Les maîtres de la haute invisibilité connaissent le plan divin dans son ensemble et y coopèrent *consciemment*. Par comparaison avec plus élevé qu'eux, ils sont peut-être des néophytes, mais il faut donner à ce terme un sens *sacré* qu'il n'a pas pour nous généralement. Le mieux serait de dire qu'ils sont des néophytes qui pourraient immédiatement, par un simple acte de volonté, parvenir au but ultime, mais qui *s'y refusent* pour continuer leur service au profit des hommes, *par amour de l'humanité*. En d'autres termes, ils se consacrent au service dans un don d'eux-mêmes à l'humanité et à sa régénération. De même que, dans un collège humain, le maître est responsable de *l'état de sa classe*, de même les maîtres portent la responsabilité du travail auquel ils se sont engagés et le disciple partage ainsi cette même responsabilité. C'est pourquoi les maîtres n'hésitent pas à recourir à des avertissements sous forme d'épreuves de diverses natures et ces épreuves ne seront profitables aux intéressés que comme "rappels à l'ordre".

Dans le domaine de l'abstraction pure où je me propose de vous conduire maintenant, les mots ne désignent rien et j'userai d'analogies, en vous demandant, lecture faite, d'oublier toute description et de vous efforcer d'éprouver en vous-mêmes cette réalité sublime. Souvenez-vous également que les mots "niveaux", "plans", ne signifient *rien* dans ce domaine. Ils sont nécessaires pour comprendre humainement ce qui appartient à ce domaine, mais en réalité tout s'interpénètre en une impressionnante unité. Je dirai donc qu'au-dessus du plan des maîtres de la haute invisibilité se trouve un autre plan qui constitue *le point terminal de l'évolution spirituelle de l'homme*. Ce point, si vous voulez, est le point oméga de la spiritualité. L'homme, en tant que créature en évolution, ne peut dépasser ce point qui est le Tipheret du kabbaliste. Il est *le but ultime* de l'aspiration spirituelle que le disciple doit atteindre. C'est le but. Ce plan supérieur peut également être appelé "sphère christique". Ce plan supérieur est un plan de force, le plan de l'énergie concentrée. Il y a un plan encore au-dessus de lui — le plan du Père — mais il est inconnaissable pour nous et ne peut être pressenti et compris que par le réalisé parvenu au plan précédent. C'est pourquoi il a pu être dit qu'on ne connaît le Père que par le Fils et ses œuvres. *L'homme, même incarné, peut employer l'énergie de ce plan.* Cette énergie est, dans une certaine mesure, statique.

Dans les moments où la civilisation est en péril grave, par exemple, où toutes les valeurs fondamentales du monde risquent de disparaître, les défenseurs de la civilisation et de ces valeurs, dans un sursaut considérable, peuvent atteindre le niveau de cette énergie et s'en servir contre les forces de destruction. À ce moment, ils ne se rendent pas compte de l'énergie qu'ils emploient, ils peuvent même ignorer qu'ils ont eu accès à ce réservoir primordial et retirer une gloire personnelle, nationale ou autre, du succès qu'ils ont atteint. Mais, en fait, ils ont mis en action la force de ce plan et l'ont dirigée au profit du bien. Ce plan ne peut être atteint que *par une volonté déterminée*. On peut dire enfin que le plan des maîtres est celui de *l'amour*, alors que le plan supérieur est le plan de la *volonté*.

Le cherchant ne doit pas se complaire dans les méandres d'une sensiblerie stérile et paralysante. Il doit regarder les faits avec détermination et progresser. En cette ère nouvelle, certaines révélations réservées jusqu'ici, sont maintenant largement répandues, afin que chacun puisse faire son choix et en tirer ses conclusions personnelles. Si, connaissant la vérité, quelqu'un préfère se complaire dans la routine de sa subjectivité, il demeure libre de sa décision, mais parmi tous ceux qui auront accès aux notions véritables, beaucoup sauront en faire la trame du nouveau cycle d'évolution auquel nous participons. Ainsi le choix est devant chacun, car chacun peut choisir d'établir son idéal, le but de son évolution, au niveau du plan des maîtres ou bien d'établir ce même idéal, ce même but, au niveau du plan supérieur, du plan ultime de l'évolution, celui que j'ai appelé la sphère christique. Dans le premier cas, on doit se souvenir que le plan choisi est celui de *l'amour* (à ne pas confondre avec la sensiblerie). Dans le second cas, ce sera celui de la volonté (non pas la volonté humaine qui n'est rien d'autre, souvent, qu'une simple obstination), mais de la *volonté spirituelle* où toutes les forces sont tendues calmement, mais fermement vers le but à atteindre.

On comprend aisément que les maîtres ne voient aucune objection à ce que le disciple décide de viser un plan plus élevé, de "sauter une classe". Dans ce cas, leur propre rôle passe au second plan par rapport à l'élève qui a pris cette décision, mais il se peut aussi qu'eux-mêmes aient "inspiré" à cet élève le choix qu'il a fait. C'est bien entendu qu'ils l'ont jugé apte à réussir sa tentative puisque, d'une certaine manière, cet élève se place à leur propre niveau du fait qu'eux-mêmes ont accès, sinon à ce plan supérieur qu'ils ont, par amour de l'humanité, remis à plus tard en ce qui les concerne, mais à l'énergie qu'il renferme — énergie dont ils se servent eux-mêmes pour l'accomplissement de leur tâche. *Cependant*, tout cherchant doit se souvenir combien est déjà pénible la marche normale sur le sentier vers l'acquisition de la maîtrise. Il lui faut donc examiner avec prudence la possibilité pour lui de viser plus haut. Il se trouve dans la situation où le travail qui l'attend sera *harassant*.

D'autre part, il ne doit pas un instant supposer qu'en concentrant ses forces en vue d'atteindre le plan supérieur, il éliminera tout ce qui devait lui permettre de parvenir au plan moins élevé. Certes, l'aventure est exaltante et s'il y réussit, il aura évité bien des retours dans cette vallée des larmes, mais au point de vue du travail, c'est-à-dire des *épreuves*, il connaîtra plusieurs existences en une seule. Il est important qu'un tel disciple sache que les épreuves qu'il devait traverser dans sa progression normale seront portées *en intensité et en nature* au centuple. Ce qui aurait été simple difficulté deviendra, du fait de son choix, une redoutable souffrance. Il ne doit donc pas sous-estimer les risques qu'il encourt. Certes, dès le début de sa démarche accélérée, il pourra saisir à pleines mains l'énergie du plan qu'il convoite et s'en servir, mais il ne le pourra *jamais* pour diminuer l'intensité de ses épreuves.

En outre, une chute, de si haut, sera beaucoup plus douloureuse et toute remise en route, infiniment plus pénible d'autant que le choix une fois acquis, *il ne pourra pas revenir en arrière*. Pare qu'il sera par delà les autres, les autres ne le comprendront pas toujours, mais cela ne gênera pas ses progrès. Ayant opté pour le domaine de la volonté spirituelle, ce qui appartient aux sentiments humains ne le troublera pas et l'opinion d'autrui le préoccupera moins encore.

En réalité, un plan renferme les caractéristiques essentielles de celui qui le précède, car telle est la loi d'unité. Par conséquent, *la volonté spirituelle* renferme en elle-même l'amour, mais *l'absolu de l'amour*, son essence, et non sa caricature humaine. Assurément, le choix du disciple est capital pour lui-même et il doit en mesurer toutes les conséquences. Certes, il recevra la force en même temps qu'il connaîtra le creuset d'indicibles épreuves, mais il devra savoir utiliser cette force. Autrement dit, sur le sentier normal, l'aide lui est donnée à son insu. Sur la voie supérieure, l'aide sera à disposition et il devra *savoir* s'en servir.

Aussi sombre que soit apparemment ce tableau, quiconque éprouve avec une *certitude absolue* l'appel intérieur du plan supérieur doit s'engager dans cette direction avec détermination. Notre monde, en ce cycle capital, a un urgent besoin d'ouvriers de cette sorte, et le résultat possible vaut largement la tentative. Ceux qui partiront vers cette ultime réalisation n'arriveront pas tous au but, mais le chemin parcouru, dès le départ, les mettra *largement en avance* sur tous les autres élèves du grand collège. La question qui doit se poser à celui qui se sent prêt est la suivante : Est-il mieux de revenir maintes et maintes fois dans ce monde d'expériences et d'en apprendre lentement et progressivement les leçons ou bien dois-je décider de subir l'entraînement accéléré d'épreuves multipliées en nombre et en poids pour sortir de cette pénible roue des existences humaines ? Il n'est pas facile, bien sûr, de mesurer d'un point de vue humain un tel dilemme. Il faudrait "sortir de soi-même", se transposer dans un très lointain avenir et jeter un regard sur les deux voies offertes. L'une est plus courte que l'autre, mais combien plus douloureuse, quoique si lumineuse. Le sujet ainsi examiné, la tentation serait puissante de choisir l'ultime but. Plongé dans le monde des faits, la décision est plus redoutable !

Certains se demanderont si les maîtres ont eux-mêmes à traverser le feu d'épreuves multipliées pour parvenir au plan terminal. La réponse est assurément non. Comme il l'a été précisé, les maîtres ont choisi de servir l'humanité. En outre, ils ont accès à l'énergie du plan supérieur. S'ils n'y entrent pas, fermant la porte sur le plan précédent, c'est afin d'accomplir la mission qu'ils ont acceptée. On pourrait résumer cette situation en disant qu'ils ont déjà mérité d'entrer dans la sphère finale, qu'il y sont de plein droit, mais qu'ils ont décidé de ne pas user de ce privilège afin de se consacrer à ceux qu'ils ont précédé au niveau qui est le leur.

Pour en revenir et conclure sur le choix qui se présente désormais au cherchant, j'ajouterai que ceux qui auront opté pour le but ultime forment l'assemblée de ceux qui "préparent les voies du Seigneur". Ils contribueront, à l'avant garde, à l'élévation spirituelle de l'humanité pour la venue du "royaume". Le choix est proposé à l'homme et l'homme doit décider de son choix, car il reste le créateur de ses propres lendemains. Il est en définitive *la clef de son propre univers.*

ÉLÉMENTS DE BIBLIOGRAPHIE

Juste après la seconde guerre mondiale, après une expérience mystique de très haut niveau, Raymond BERNARD devient le premier membre de la juridiction de l'Ordre de la Rose-Croix (AMORC) pour tous les pays de langue française, qui vient d'être établie près de Paris, et le 1er Mars 1956 il est appelé à succéder au Grand Maître défunt de cette juridiction, Jeanne Guesdon. Il assume cette fonction pendant vingt et un ans, jusqu'en Août 1977. En 1976, il a été élu membre du Bureau Suprême et il est investi de la fonction de Légat Suprême qu'il remplira pendant onze années jusqu'en 1987, date à laquelle il quitte volontairement toutes ses fonctions pour laisser à de plus jeunes la responsabilité d'une juridiction qu'il a amenée à une grande renommée et à une extension remarquable.

En 1959, investi de tous les pouvoirs et mandats pour le faire, par Ralph M. Lewis, Souverain Grand Maître de l'Ordre, il a rétabli aussi, dans les pays de langue française, l'Ordre Martiniste Traditionnel au sein duquel il assume alors les mêmes fonctions et responsabilités que dans l'Ordre de la Rose-Croix. Dans ces deux Ordres, il établit une règle stricte qui lui vaudra d'être reconnu et soutenu par tous les autres Ordres et mouvements :" La plus large tolérance dans la plus stricte indépendance", avec le respect et la compréhension que cette règle implique envers chacun. Raymond BERNARD participe aussi aux travaux maçonniques de la Grande

Loge de France. Le 19 Février 1988, il fonde un mouvement, le CIRCES (Cercle International de Recherches Culturelles et Scientifiques) dont le but est essentiellement humanitaire et caritatif. A côté de ce mouvement, il redonne force et vigueur à une tradition templière secrète qui ne s'était jamais interrompue à travers le temps, bien que n'ayant plus depuis le début de ce siècle d'activités publiques, et il établit ainsi l'O. S. T. I. (Ordre Souverain du Temple Initiatique) au sein duquel en Avignon, dans le Palais des Papes, il est élu Grand Maître, le 25 Septembre1988, fonction qu'il assume encore à ce jour. La tradition et les activités templières n'ont aucune comparaison possible avec les autres traditions que peut partager Raymond BERNARD, les structures, processus initiatiques et l'admission dans l'Ordre du Temple (O. S. T. I.) étant nettement différents et ne se substituant naturellement à aucun égard aux autres démarches traditionnelles et initiatiques. À une date récente, pour plus d'efficacité, le CIRCES s'est intégré à l'O.S.T.I. et en est devenu un comité extrêmement actif en France et dans le monde, ses activités, comme antérieurement, étant exclusivement caritatives et humanitaires.

Raymond BERNARD a voyagé dans le monde entier et rencontré de nombreux Sages et les dirigeants de la plupart des mouvements et groupes de “Cherchants”. Il est l'auteur de divers ouvrages et articles traduits en plusieurs langues et il a donné de nombreuses conférences en France et dans beaucoup d'autres pays du monde. Chaque fois que ceci lui était possible, il a accepté les invitations qui lui était faites de participer à des émissions de radio ou de télévision, et il a été l'un des premiers invités de Jacques Chancel dans sa célèbre émission de France Inter “Radioscopie”. En dehors de ses activités dans le monde de la tradition, Raymond BERNARD est le conseiller personnel de plusieurs Chefs d'Etat et le consultant de diverses personnalités des milieux économiques et culturels.

Il a également toujours entretenu des rapports étroits avec le monde artistique dans ses multiples branches.

TABLE DES MATIÈRES

EXTRAIT DU CATALOGUE DES ÉDITIONS DERVY

Ce catalogue vous sera envoyé
sur simple demande aux :
Éditions Dervy, 36 rue Fontaine, 75006 PARIS

Δ : pour tous publics. Ouvrage de vulgarisation ; texte accessible aux non-initiés.
Δ Δ : pour initiés possédant déjà des notions sur le sujet.
Δ Δ Δ : pour spécialistes.

Georges Jouven
ARCHITECTURE CACHÉE (L') ***Tracés harmoniques.***
Par l'analyse du Parthénon, la démonstration de l'esthétique pythagoricienne.
Δ Δ **115 F**. ISBN : 2-85076-104-4

Philippe Roy
CATHARES (LES) ***Histoire et spiritualité***
Plus qu'une nouvelle histoire du catharisme, l'épopée de la vie intérieure des Cathares au travers de leur doctrine.
Δ Δ **149 F**. ISBN : 2-85076-576-7

Lilian Wetzel
CONCILE DE VIENNE (LE)
Comment fut condamné l'Ordre du Temple. A travers l'étude d'archives inédites, le déroulement du plus grand scandale judiciaire du Moyen Âge et l'histoire de son clergé.
Δ Δ **149 F**. ISBN : 2-85076-542-2

R.A. Schwaller de Lubicz
DU SYMBOLE ET DE LA SYMBOLIQUE
Pour pénétrer dans le secret des textes égyptiens, il est nécessaire d'avoir recours à la symbolique. Une description des principes qui dirigent ces symboles.
Δ Δ **69 F**. ISBN : 2-85076-088-9

Dominique Viseux
INITIATION CHEVALERESQUE DANS LA LÉGENDE ARTHURIENNE (L')
Une légende médiévale, mais aussi un itinéraire initiatique où se retrouvent les mythes des grandes civilisations.
Δ Δ **120 F**. ISBN : 2-85076-502-3

René Lachaud
ITINÉRAIRE POUR UNE ÉGYPTE INTÉRIEURE
Splendeur et profondeur de la première grande civilisation, sous forme de récits, de légendes, de méditations, pour une nouvelle Sagesse.
Δ **159 F**. ISBN : 2-85076-520-1

R. Emmanuel
MYTHOLOGIE DE LA GRECE ANTIQUE (LA) ***vue et expliquée par ses Écoles des Mystères***
L'analyse des prédictions contenues dans les énigmes mythologiques.
Δ Δ Δ **149 F**. ISBN : 2-85076-505-8

Dom Neroman
NOMBRE D'OR (LE)
Clé du monde vivant
Les ressorts cachés du Nombre d'Or, ainsi que ses moyens d'action sur la nature et tous ses champs d'application.
Δ Δ **120 F**. ISBN : 2-85076-508-2

Jean Tourniac
PRINCIPES ET PROBLÈMES SPIRITUELS DU RITE ÉCOSSAIS RECTIFIÉ ***et de sa chevalerie templière***
Les liens spirituels entre Maçonnerie, Ordre du Temple et Gnose des pères de l'Église.
Δ Δ **119 F**. ISBN : 2-85076-186-9

R A Schwaller de Lubicz
PROPOS SUR ÉSOTÉRISME ET SYMBOLE
Le devenir, la conscience... et autres grands sujets de réflexion illustrés par un chercheur de Lumière.
Δ Δ **59 F**. ISBN : 2-85076-538-4

Jean-Paul Bourre
QUÊTE DU GRAAL (LA)
Du paganisme indo-européen à la chevalerie chrétienne
Depuis la tradition celto-nordique jusqu'à la montagne du héros Ségur, l'histoire et les périples de la « pierre du Sacre ». L'épopée d'une légende, et une initiation
Δ Δ **139 F**. ISBN : 2-85076-561-9

Lao Tseu
TAO TE KING
L'un des plus grands textes mystiques de l'humanité, écrit en Chine 500 ans avant J.C.
Δ Δ **110 F**. ISBN : 2-85076-071-4

R A Schwaller de Lubicz
TEMPLE DANS L'HOMME (LE)
Les agrandissements successifs du temple de Louxor mis en rapport avec les différents âges de l'homme.
Δ Δ **110 F**. ISBN : 2-85076-509-0

R A Schwaller de Lubicz
TEMPLE DE L'HOMME (LE) ***Apet du sud de Louqsor***
1 400 pages, 101 planches, 300 figures en coffret de trois volumes.
L'œuvre majeure de Schwaller de Lubicz : pensée pharaonique, symbolique, mathématiques babyloniennes, systèmes de calculs et de mesures égyptiens... Une somme indispensable aux égyptologues, aux ésotéristes et aux chercheurs.
Δ Δ **1200 F.** ISBN : 2-85076-598-8

Jean Tourniac
TRACÉS DE LUMIERE (LES) ***Symbolisme et connaissance***
Les dessins géométriques des Maçons « opératifs » supports à d'authentiques exercices spirituels, relevant d'un art sacré fondé sur l'invocation des noms divins judéo-chrétiens.
Δ Δ **99 F**. ISBN : 2-85076-391-8

Jacques Duchaussoy
TRADITION PRIMORDIALE DANS LES RELIGIONS (LA)
A la recherche de la Parole Perdue
Comment les vestiges d'une antique révélation, conservés dans les temples du Yucatan, de l'Egypte et du Tibet, ont été retrouvés, et mis en application en Occident.
Δ **149 F** ISBN : 2-85076-595-3

Enel
TRILOGIE DE LA ROTA ***ou Roue Céleste***
Les liens profonds entre astrologie et sagesse antique. Par un spécialiste de l'Égypte ésotérique, un ouvrage-clef composé de trois essais : **Astrologie kabbalistique**, **Roue céleste**, **Manuel de kabbale pratique**.
Δ Δ Δ **199 F** ISBN : 2-85076-521-X

Roland Bermann
VIERGE NOIRE, VIERGE INITIATIQUE
Préface de ***Jean Tourniac***
Pour comprendre « le pourquoi » des Vierges Noires et les rapports entre « la Mère Obscure » des anciens cultes et Notre Dame.
Δ Δ **139 F**. ISBN : 2-85076-571-6

Jacques Bonvin
VIERGES NOIRES ***La réponse vient de la terre***
Les sites des Vierges Noires correspondent à des implantations telluriques précises. Jacques Bonvin les recensent, et les expliquent.
Δ **150 F**. ISBN : 2-85076-507-4

Gérard de Sorval
VOIE CHEVALERESQUE ET L'INITIATION ROYALE (LA) ***dans la spiritualité chrétienne***
Doctrine spirituelle de la chevalerie et méthode initiatique permettant d'accéder au Saint-Graal, voie de la perfection.
Δ Δ **139F**. ISBN : 2-85076-587-2

Cet ouvrage
a été achevé d'imprimer
sur Variquik par l'Imprimerie Sagim
à Courtry en février 1994
pour le compte des éditions Dervy

Imprimé en France
Dépôt légal : février 1994
N° d'impression : 674